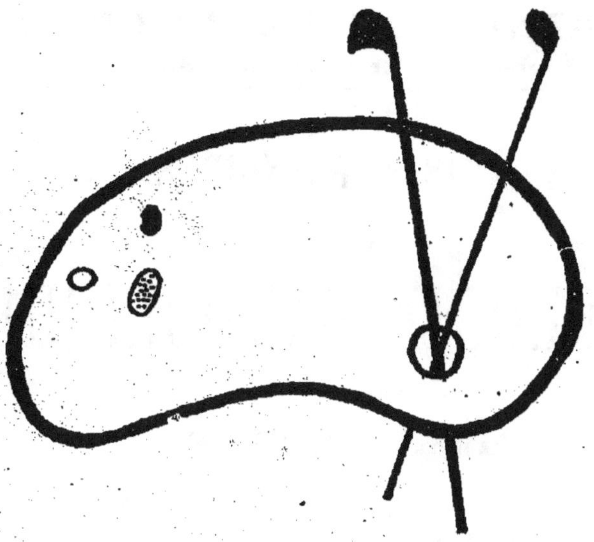

DEBUT D'UNE SERIE DE DOCUMENTS
EN COULEUR

SCIENCE ET RELIGION
Études pour le temps présent

PREMIERS PRINCIPES

DE

SOCIOLOGIE CATHOLIQUE

PAR

l'abbé NAUDET

Professeur au collège libre des Sciences sociales

Directeur de « *La Justice Sociale* »

PARIS
LIBRAIRIE BLOUD ET BARRAL
4, RUE MADAME ET RUE DE RENNES, 59

—

1899

SCIENCE ET RELIGION
Etudes pour le temps présent

Collection de vol. in-12 de 64 pages *compactes*.
Prix : **0** fr. **60** le vol.

Les revues et les journaux les plus importants de la presse conservatrice et catholique ont accueilli avec les plus grands éloges les **Etudes pour le temps présent.**

C'est avec la plus rigoureuse méthode scientifique — mais mise à la portée de toutes les intelligences quelque peu cultivées — qu'elles traitent les problèmes et les questions qui tourmentent l'âme contemporaine et déroutent les meilleurs esprits.

Le nom de l'auteur de chacune d'elles est une recommandation.

Dès l'apparition des premiers volumes, les **Etudes pour le temps présent** ont obtenu un succès dépassant toute espérance. « *Elles ne méritent pas seulement d'être lues*, a écrit dans l'*Univers* un excellent juge, M. Edmond BIRÉ, *ce sont des armes pour le bon combat ; il faut les répandre.* »

Ouvrages parus

— **L'Apologétique historique au XIX᷍ siècle. — La Critique irréligieuse de Renan** (*Les précurseurs — La vie de Jésus — Les adversaires — Les résultats*), par l'abbé Ch. DENIS, directeur des *Annales de philosophie chrétienne.* 1 vol.

— **Nature et Histoire de la liberté de conscience,** par M. l'abbé CANET, docteur en philosophie et ès lettres de l'Université de Louvain, ancien professeur de théologie dogmatique au grand séminaire de Lyon. 1 vol.

— **L'Animal raisonnable et l'Animal tout court,** *étude de psychologie comparée*, par C. DE KIRWAN. 1 vol.

— **La Conception catholique de l'Enfer,** par M. BRÉMOND, docteur en théologie, professeur de dogme au grand séminaire de Digne. 1 vol.

— **L'Eglise Russe,** par I.-L. GONDAL, professeur d'apologétique et d'histoire au séminaire Saint-Sulpice. 1 vol.

— **La Fausse Science contemporaine et les Mystères d'Outre-tombe,** par le R. P. Th. ORTOLAN, O. M. I. 1 vol.

— *Du même auteur :* **Vie et Matière ou Matérialisme et Spiritualisme en présence de la Cristallogénie.** 1 vol.

— *Du même auteur :* **Matérialistes et Musiciens.** 1 vol.

— **Le Mal,** sa nature, son origine, sa réparation. *Aperçu philosophique et religieux*, par M. l'abbé CONSTANT, docteur en théologie, lauréat de l'Institut catholique de Paris. 1 vol.

— **Dieu auteur de la vie,** par M. l'abbé THOMAS, vicaire général de Verdun. 1 vol.

— *Du même auteur :* **La Fin du monde d'après la Foi.** 1 vol.

— **L'Attitude du catholique devant la Science,** par G. FONSEGRIVE, directeur de la *Quinzaine.* 1 vol.

— *Du même auteur ·* **Le Catholicisme et la Religion de l'Esprit.** 1 vol.

— **Du doute à la Foi**, le besoin, les raisons, les moyens, les devoirs, la possibilité de croire, par le R. P. TOURNEBIZE, S. J. 4ᵉ édition.   **1** vol.

— **La Synagogue moderne**, sa doctrine et son culte, par A. F. SAUBIN.   **1** vol.

— **Évolution et Immutabilité de la doctrine religieuse dans l'Église**, par M. PRUNIER, supérieur au grand séminaire de Séez.   **1** vol.

— **La Religion spirite**, son dogme, sa morale et ses pratiques, par I. BERTRAND.   **1** vol.

— **L'Hypnotisme franc et l'Hypnotisme vrai**, par le docteur HÉLOT, auteur de *Névroses et Possessions diaboliques*.   **1** vol.

— **Convenance scientifique de l'Incarnation**, par Pierre COURBET.   **1** vol.

— **L'Église et le Travail manuel**, par l'abbé SABATIER, du clergé de Paris, docteur en droit canon.   **1** vol.

— **L'Inquisition**, son rôle religieux, politique et social, par G. ROMAIN, auteur de : *L'Église et la Liberté*.   **1** vol.

— **Unité de l'espèce humaine**, *prouvée par la similarité des conceptions et des créations de l'homme*, par le marquis de NADAILLAC. **1** vol.

— **Le Socialisme contemporain et la Propriété**. — *Aperçu historique*, par M. Gabriel ARDANT.   **1** vol.

— **Pourquoi le Roman immoral est-il à la mode et pourquoi le Roman moral n'est-il pas à la mode ?** *Étude sociale et littéraire*, par G. d'AZAMBUJA.   **1** vol.

— **Certitudes scientifiques et Certitudes philosophiques**, par le R. P. DE LA BARRE, S. J., professeur à l'Institut catholique de Paris. 2ᵉ édition.   **1** vol.

— **L'Âme de l'homme**, par J. GUIBERT, supérieur du séminaire de l'Institut catholique de Paris. 2ᵉ édition.   **1** vol.

— **Faut-il une religion ?** par M. l'abbé GUYOT, ancien professeur de théologie. 2ᵉ édition.   **1** vol.

— *Du même auteur :* **Pourquoi y a-t-il des hommes qui ne professent aucune religion ?** 2ᵉ édition.   **1** vol.

— **Nécessité scientifique de l'existence de Dieu**, par P. COURBET, 2ᵉ édition.   **1** vol.

— *Du même auteur :* **Jésus-Christ est Dieu**. 2ᵉ édition.   **1** vol.

— **Études sur la pluralité des mondes habités et le dogme de l'Incarnation**, par le R. P. ORTOLAN, docteur en théologie et en droit canonique, lauréat de l'Institut catholique de Paris, membre de l'Académie de Saint-Raymond de Pennafort. 2ᵉ édition.   **3** vol.
I.   — *L'Épanouissement de la vie organique à travers les plaines de l'infini.*   **1** vol.
II. — *Soleils et terres célestes.*   **1** vol.
III. — *Les Humanités astrales et l'Incarnation.*   **1** vol.
Chaque vol. se vend séparément.

— **L'Au-delà ou la Vie future d'après la foi et la science**, par M. l'abbé J. LAXENAIRE, docteur en théologie et en droit canon, et de l'Académie de Saint-Thomas-d'Aquin, professeur au grand séminaire de Saint-Dié. 2ᵉ édition.   **1** vol.

— **Le Mystère de l'Eucharistie**. — **Aperçu scientifique**, par M. l'abbé CONSTANT, docteur en théologie, lauréat de l'Institut catholique de Paris. 2ᵉ édition.   **1** vol

— **L'Eglise catholique et les Protestants,** par G. ROMAIN, auteur de : *L'Eglise et la Liberté* et *Le Moyen Age fut-il une époque de ténèbres et de servitude ?* 2ᵉ édition.   **1** vol.

— **Mahomet et son œuvre,** par I. L. GONDAL, professeur d'apologétique et d'histoire au séminaire Saint-Sulpice. 2ᵉ édition.   **1** vol.

— **Christianisme et Bouddhisme** *(Etudes orientales),* par M. l'abbé THOMAS, vicaire général de Verdun. 2ᵉ édition.   **2** vol.

Première partie : *Le Bouddhisme.*

Deuxième partie : *Le Bouddhisme dans ses rapports avec le christianisme. — Ascétisme oriental et ascétisme chrétien.*

— **Où en est l'hypnotisme,** son histoire, sa nature et ses dangers, par A. JEANNIARD DU DOT, auteur du *Spiritisme dévoilé.* 2ᵉ édit. 1 vol.

— *Du même auteur :* **Où en est le Spiritisme,** sa nature et ses dangers. 2ᵉ édition.   **1** vol.

Viennent de paraître :

. — **L'Ordre de la nature et le Miracle,** faits surnaturels et forces naturelles, chimiques, psychiques, physiques, par le R. P. DE LA BARRE, S. J., professeur à l'Institut catholique de Paris.   **1** vol.

— **L'Homme et le Singe,** par M. le marquis de NADAILLAC. **2** vol.

— **Opinions du jour sur les peines d'outre-tombe.** *Feu métaphorique — Universalisme — Conditionnalisme — Mitigation,* par le P. TOURNEBIZE, S. J.   **1** vol.

— **Comment se sont formés les Evangiles.** *La question synoptique — L'Evangile de Saint Jean,* par le P. TH. CALMES, professeur au grand séminaire de Rouen.   **1** vol.

— **Le Talmud et la Synagogue moderne,** par A. F. SAUBIN.   **1** vol.

— **L'Occultisme ancien et moderne.** *Les mystères religieux de l'antiquité païenne — La kabbale maçonnique — Magie et magiciens fin de siècle,* par I. BERTRAND.   **1** vol.

— **L'Hypnotisme transcendant en face de la philosophie chrétienne,** ouvrage dédié au Dʳ CH. HÉLOT, par A. JEANNIARD DU DOT.   **1** vol.

— **L'Impôt et les Théologiens.** *Etude philosophique, morale et économique,* par le comte de VORGES, ancien ministre plénipotentiaire, membre de l'Académie de Saint-Thomas, etc., etc.   **1** vol.

— **Nécessité mathématique de l'Existence de Dieu.** *Explications — Opinions — Démonstration,* par René de CLÉRÉ.   **1** vol.

— **Saint Thomas et la Question juive,** par Simon DEPLOIGE, professeur à l'Université Catholique de Louvain.   **1** vol.

— **Premiers principes de Sociologie Catholique,** par l'abbé NAUDET, professeur au collège libre des sciences sociales, directeur de la *Justice Sociale.*   **1** vol.

— **Le déluge de Noé et les races Prédiluviennes,** par C. de KIRWAN.   **2** vol.

— **La Patrie.** — *Aperçu philosophique et historique,* par J. M. VILLEFRANCHE.   **1** vol.

— *Protestants et Catholiques au* XVIᵉ *siècle.* — **La Saint-Barthélemy,** par Henri HELLO.   **1** vol.

— **L'Esprit et la Chair.** *Philosophie des macérations,* par Henri LASSERRE, auteur de *Notre-Dame de Lourdes,* etc., etc.   **1** vol.

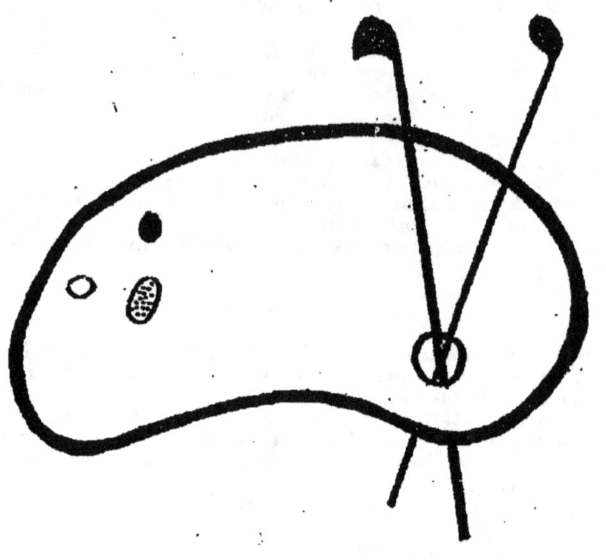

FIN D'UNE SÉRIE DE DOCUMENTS
EN COULEUR

SCIENCE ET RELIGION

Études pour le temps présent

PREMIERS PRINCIPES

DE

SOCIOLOGIE CATHOLIQUE

PAR

L'abbé NAUDET

Professeur au collège libre des Sciences sociales

Directeur de « *La Justice Sociale* »

PARIS

LIBRAIRIE BLOUD ET BARRAL

4, RUE MADAME ET RUE DE RENNES, 59

—

1899

Lettre de M. l'Abbé Lemire

Mon Cher Ami,

Votre brochure est un exposé de doctrine.

Je lui souhaite une approbation qui vienne de plus haut et je me contente de dire qu'elle mérite, à ce qu'il me semble, le plus bel éloge qu'une doctrine puisse recevoir chez nous catholiques : elle n'est point personnelle. Mea doctrina non est mea, sed ejus qui misit me. La forme est bien à vous : on y retrouve la netteté d'esprit, l'entrain de brave cœur, et la crânerie toute française qui vous distinguent. Mais le fond, c'est la doctrine de l'Encyclique sur la « Condition des ouvriers ». Et cette doctrine n'est point neuve dans le monde ; elle n'est pas une invention de Léon XIII. Elle est la tradition constante de l'Église, l'émanation directe de l'Évangile.

Il y a longtemps qu'on répète chez nous que l'autorité est un service public et non une jouissance égoïste ; que la propriété n'est pas un privilège de caste, mais un droit accessible à tous et toujours accompagné de devoirs sociaux ; que le travail n'est pas une marchandise destinée à enrichir, mais un acte humain destiné à entretenir la vie du corps et de l'âme ; que les lois ne sont pas faites pour des choses, mais pour des hommes, et pour des hommes vivant en société, dans la famille, dans l'État, dans l'association professionnelle.

Toutes ces vérités et beaucoup d'autres que vous rappelez fort opportunément, mon cher ami, se trouvent renfermées dans l'enseignement chrétien. L'Encyclique ne fait que les appliquer à notre temps et pour notre société

Plusieurs questions de détails et de mise en pratique sont laissées par le Souverain Pontife à l'expérience, à l'initiative, à l'appréciation de chacun.

Mais vous, toujours logique et ferme, vous prenez position sur ces questions mêmes et vous marchez de l'avant. Vous ne connaissez ni les tâtonnements, ni les hésitations : affaire de tempérament, je le sais, mais qui vous exposera, malgré la modération et la charité dont vous faites preuve, à des blâmes obstinés. Les gens compliqués et minutieux qui n'admettent point qu'on parle d'une chose sans faire une quantité de mentions honorables à d'autres choses analogues, vous trouveront exclusif. Pour leur faire plaisir, vous devriez distinguer davantage et surtout ne point oublier leurs opinions et leurs systèmes. Mais cela vous touchera peu, car vous n'êtes point un critique ; vous êtes un convaincu. L'homme convaincu ne regarde ni à droite ni à gauche ; il va droit devant lui, et c'est pour cela qu'il entraîne les autres à sa suite.

Par les temps que nous traversons, des gens de cette trempe ne sont pas tellement nombreux en France qu'il faille les décourager par des subtilités et des entraves.

Donc, mon cher ami, vous êtes l'homme d'une doctrine unique, complète, méthodique ; c'est votre force, et c'est par là que vous avez de la clarté, de la persuasion, de la vie.

L'État social actuel n'est point fait pour nous enchanter. Que d'autres le trouvent admirable, cela se comprend. La maison leur paraît belle et commode : ils l'ont construite et ils l'habitent. Que ceux qui perpétuent les pires errements des gouvernements déchus se fassent et se disent conservateurs, rien de plus naturel. Qu'ils aillent même jusqu'à enrayer le progrès parce qu'il marche plus vite qu'eux ; qu'ils refusent, étant au pouvoir, les libertés qu'ils ont promises étant dans l'opposition ; qu'en particulier, ils n'aient cure ni souci de la liberté d'association, le complément et la garantie de toutes les libertés individuelles, parce que la liberté d'association diminuerait l'omnipotence de l'État et qu'aujourd'hui ils disent : l'État, c'est moi !... encore une fois rien d'étonnant, rien d'invraisemblable.

Mais que nous allions, nous, catholiques, nous traîner timidement à la remorque ! que nous allions, de peur de troubler leur quiétude, méconnaître les besoins de notre temps, les oublier ou les taire, jamais ! Nous devons être *avec les hommes de réforme, en avant et non pas en arrière. Notre place est là, et pas ailleurs.*

Vous le dites nettement, mon cher ami, et bien haut.

Croyez que les hommes de cœur vous en remercient.

Pour moi, qui connais votre chevaleresque droiture et votre indomptable courage, depuis ce Congrès de Lille dont vous avez parlé quelque part avec une malicieuse bonhomie, je ne fais que mon devoir de frère d'armes en vous serrant publiquement la main.

Sur des terrains différents, nous combattons pour la même cause.

Puissions-nous le faire utilement !

Malgré tout ce que vous écrivez, je crains que l'on ne continue de discuter et d'épiloguer. La manie de classer, de faire des catégories, d'éplucher les gens, cette manie byzantine, se corrige difficilement.

On ne cessera point de si tôt de nous demander ce que nous sommes.

Eh ! mon Dieu, nous sommes catholiques, comme il faut l'être, avec le Pape ! Mais nous sommes Français aussi, bons Français de France, et nous entendons être de notre temps et de notre pays. Nous entendons agir en citoyens libres, remplissant leurs devoirs et faisant respecter leurs droits. Nous entendons qu'il y ait dans notre pays autre chose que des fonctionnaires et des administrés : ce n'est pas moi qui invente la phrase : elle est d'un de nos archevêques, d'un de ces prélats dans lesquels on ne soupçonnait point de semblables fiertés et qui tiennent plus qu'on ne pense, à leurs droits civiques.

Grâce à l'intervention de Léon XIII qui a dégagé l'Eglise de France de toute alliance officielle avec les partis anciens, nous ne devons plus être suspectés par les pouvoirs établis. Le peuple, qui tient à la forme de gouvernement qu'il s'est donnée, peut venir à nous sans renoncer à ses préférences, et nous pouvons aller à lui sans lui imposer de sacrifices.

Dans ces conditions, quelle bonne besogne sociale s'offre à nous ! N'est-il pas vrai que, sur ce terrain, sans regrets stériles, sans petitesses de coteries, avec la joyeuse sérénité d'hommes qui veulent le bien, et n'ont rien à cacher, nous n'avons qu'à vouloir pour adoucir des cœurs aigris, ramener au vrai des esprits égarés, préparer de bonnes et salutaires réformes, conclure enfin une solide alliance entre l'Eglise et le peuple.

On dit que nous cherchons à domi er et que c'est dans ce but que nous nous occupons des questions sociales.

Ce qu'on dit là est une calomnie. Nous protestons contre elle.

Il y a du bien à faire. Nous y demandons tout simplement notre part.

C'est un droit au travail qui nous appartient pour le moins autant qu'à d'autres.

Je suis avec vous, mon cher ami, pour le revendiquer et l'exercer, ce droit au travail du bien, et je souhaite que votre brochure nous donne beaucoup d'alliés parmi les prêtres français qui aiment ce que nous aimons.

Votre dévoué confrère,

J. Lemire,

Prêtre, Député du Nord.

AVANT-PROPOS

Depuis quelques années, à l'occasion des questions redoutables que soulèvent les problèmes sociaux, de fâcheuses divisions sont venues rompre la belle ordonnance de l'armée catholique. Les esprits se troublent ; hélas ! parfois les cœurs s'aigrissent et des hommes faits pour s'entendre, parce qu'ils ont dans l'âme la même foi, les mêmes espérances et le même amour, se heurtent douloureusement et refusent de se donner la main.

On avait pensé que la grande voix du Pape tombant sur le monde des hauteurs du Vatican, en faisant naître la lumière aurait aussi donné la paix ; et voilà que jamais la scission n'a été plus profonde.

Peut-être, en tout cela, n'y a-t-il que des malentendus entre des hommes qui ont, au même degré, la passion sainte du Droit et de la Vérité. Aussi, croyons-nous, laissant de côté les points secondaires, qu'il est possible de rallier la grande majorité des esprits autour d'une exposition de principes claire et nette, conforme aux enseignements théologiques et à ces doctrines sociales de l'Eglise que Léon XIII a rappelées si éloquemment au monde, dans l'Encyclique sur la « Condition des ouvriers ».

PREMIERS PRINCIPES

DE

SOCIOLOGIE CATHOLIQUE

I

L'Idée de Justice.

Voici le point de départ :

Les rapports sociaux, c'est-à-dire les rapports qui existent entre les hommes, dans l'exercice de leur activité physique, doivent être fondés d'abord sur les principes de la justice chrétienne.

Cette doctrine n'est pas nouvelle. On la trouve exposée tout au long dans le Décalogue et, pendant le moyen âge, elle a donné à l'organisation sociale une incroyable force et une admirable vitalité. Non pas que tout fût parfait à cette époque qui, certes, ne représente point l'idéal ; mais le principe était reconnu et, dans une large mesure, on travaillait à son application.

C'était le temps où, dans la vieille France si chrétienne, le sol se couvrait de monuments merveilleux qui semblaient sortir de terre comme le blé sort du sillon ; où chacun, riche, pauvre, grand et petit, apportait son obole pour bâtir la maison de Dieu, maintes fois les deniers des pauvres surpassant la somme des royales aumônes des grands. Alors s'organisaient les communes et se tenaient les assemblées provinciales, avec une liberté qui rend encore plus douloureuses les oppressions d'aujourd'hui ; alors s'écrivait le « Livre des métiers » et se fondaient d'admirables corporations ouvrières qui rendirent de si grands services, tant qu'elles restèrent fidèles à l'esprit de leur institution ; la Justice chrétienne régnait.

Plus tard, quand l'idée de justice sembla se perdre, des voix éloquentes retentirent dans le sein de l'Eglise pour la rappeler. On n'a pas oublié que, vers le milieu de ce siècle, l'illustre Ketteler, archevêque de Mayence, avait fait de cette idée l'âme de son action sociale ; et, depuis, les catholiques belges de l'école de Liège dans leurs savants congrès, l'école de Fribourg, celles des Cercles catholiques et de très érudits théologiens, l'ont exposée et développée à leur tour.

La doctrine n'est donc pas nouvelle ; mais, comme elle est oubliée, parmi nous ! L'injustice est partout : injustice dans les lois qui frappent si durement un misérable ayant volé poussé par la faim, tandis qu'elles s'arrêtent impuissantes devant des agioteurs richissimes qui ont ruiné des milliers de pauvres gens ; injustice dans les mœurs qui réservent les honneurs et l'estime pour une opulence trop souvent oisive ou malfaisante, et qui permettent à peine de saluer un ouvrier vivant du labeur de ses bras. Combien lointaine est cette époque où la société reconnaissait une « bourgeoisie du travail » ; où un serrurier habile en sa profession était l'égal d'un avocat beau parleur, et plus considéré qu'un méchant médecin. Puis, à côté de ces injustices qui atteignent la dignité de l'homme, cette autre injustice qui atteint sa vie et les conditions mêmes de son existence : qui nombrera la foule des haillonneux, des sans-travail et des sans-logis pour qui la parole de Dieu est devenue d'une réalisation impossible : « *Tu mangeras ton pain à la sueur du front.* »

Et si on nous objecte que le Christ a dit : « *Il y aura toujours des pauvres parmi vous* » ; nous répondrons qu'à notre avis, tel n'est pas le sens de la parole évangélique et que, dans tous les cas, cela ne veut point signifier : Il y aura toujours des multitudes qui iront demander leur pain de porte en porte, et toute une classe d'hommes qui sera réduite à la mendicité...

Ainsi, à la base de notre doctrine sociale catholique, nous plaçons la justice. La justice qui implique un droit pour les autres, tandis que la charité impose seulement un devoir pour nous, chose qu'il est beaucoup plus facile de méconnaître ou d'oublier. La société souffre d'un mal qui est la méconnaissance du droit : du droit naturel que tout homme porte gravé en sa conscience, du droit chrétien que Notre-Seigneur Jésus-Christ est venu apporter sur la terre, du droit historique qu'entraînent avec soi la marche des siècles et l'évolution des sociétés. Or, la réorganisation sociale, sous peine d'échouer lamentablement, doit tenir grand compte de ce triple droit ; et nous pensons que c'est faire fausse route, non seulement de le combattre, mais même de le contrarier. C'est parce qu'on a oublié cette vérité, depuis cent ans surtout, que nous nous sommes enfoncés dans le gâchis ; c'est parce que l'on continue à l'oublier qu'un si grand nombre de tentatives généreuses et d'efforts considérables ne peuvent aboutir.

Nous ne pouvons pas suivre les mêmes errements.

Voilà pourquoi, en économie sociale, les catholiques se séparent nettement de l'école libéraliste dont les principes, en honneur jusqu'à ce jour, ont amené le monde au point où nous le voyons, c'est-à-dire à un état de décomposition avancée.

Voilà pourquoi aussi, ils sont les adversaires déterminés de l'organisation socialiste, qualifiée de scientifique par ses promoteurs et qui n'est, en réalité, que la conception artificielle d'une société impossible à établir.

Faut-il en conclure que tout est mauvais et doit être condamné radicalement, dans les thèses que soutiennent ces deux écoles ? Non certes. Il serait souverainement injuste de ne point faire la part du bien qui se trouve chez nos contradicteurs, et de ne pas rendre hommage au savoir profond et aux travaux remarquables de plusieurs des économistes que nous combattons. Aussi, nous ne disons pas que le mal est dans telle ou telle thèse particulière qui peut être plus ou moins défendue. Le mal est dans le principe générateur des théories maîtresses ; théories qui nous paraissent être exprimées en deux brèves formules : *l'oppression quand même*, formule des socialistes ; *la liberté quand même*, formule des prétendus libéraux.

Ceux-ci n'organisent pas assez et, par suite, laissent le faible désarmé, impuissant, en présence du fort ; ceux-là organisent trop, font peser sur toutes les têtes un joug uniforme, étouffent l'initiative privée, arrêtent l'essor de l'intelligence et rendent impossibles les conquêtes du génie.

Entre ces deux extrêmes, il y a une route à suivre.

Nous ne voulons plus de cette liberté menteuse qui n'est que le désordre et qui nous a amenés au point que nous ne savons plus, en France, où trouver notre vie nationale. La province n'existe plus ; la commune est un enfant toujours tenu en laisse par le pouvoir central ; le groupement syndical est entouré de mille restrictions qui empêchent le développement de la personnalité ; les Chambres ne représentent rien, sinon des masses d'hommes qui n'ont ni idées communes, ni intérêts communs et qui deviennent le jouet de la cupidité sans frein des politiciens aux dents longues et des partis affamés. C'est grâce à cette prétendue liberté que notre belle France a si rapidement succombé sous la triple coalition de la juiverie, de la franc-maçonnerie et du jacobinisme ; la juiverie lui prenant son pain, la franc-maçonnerie lui prenant sa foi, le jacobinisme lui prenant sa liberté.

Nous ne voulons pas davantage de l'idéal collectiviste qu'un journal socialiste allemand exposait dans un dessin devenu célèbre, figurant le monde nouveau sous la forme d'une étable à porcs, où chaque « individu » a sa case et peut manger à son aise. Comme si, même en acceptant l'ignoble comparaison, on n'avait jamais vu les porcs se battre devant leur auge pleine ; comme si, d'ailleurs, toutes les questions d'ici-bas se ramenaient à des questions d'estomacs plus ou moins satisfaits.

Ce point étant acquis et notre situation bien établie, il devient nécessaire de mettre en regard du principe de justice les grandes choses qui intéressent l'ordre social ; et, avant tout, le travail et la propriété.

II

LE RÉGIME DU TRAVAIL.

Nous n'hésitons pas à le dire, dussions-nous encourir toutes les malédictions de l'école libéraliste, le travail vit aujourd'hui sous le régime de l'oppression.

Le capital, disait Lassalle, « étouffe le travail ». « C'est une chose morte qui dévore des êtres vivants », écrivait Benoît Malon. Évidemment il y a dans ces formules une part d'exagération ; mais il n'en est pas moins vrai qu'on a interverti les rôles et que l'argent ayant pris la place de l'homme, est devenu la valeur des valeurs. En sorte qu'on a vu ce spectacle incroyable du paupérisme et du servage augmentant pour les uns, dans la proportion où la richesse augmentait pour les autres, et l'ouvrier subissant une condition de travail plus dure, à mesure que le machinisme dont il devait tirer aide et secours faisait plus de progrès.

Il n'est pas besoin d'être grand clerc, pour constater que la fameuse liberté des contrats, ce palladium de l'école libéraliste, aboutit en fait à la liberté de l'oppression ; les contractants n'étant égaux ni en droits, ni en indépendance réelle. Ainsi le travail qui devrait être l'employeur du capital, n'en est pas même resté le mercenaire ; il en est trop souvent devenu l'esclave. Esclave révolté quelquefois, mais esclave qui retombe bientôt sous le joug, parce qu'il est sans ressources et que, le plus souvent, il ne connaît pas d'autre moyen d'avoir du pain.

Or, nous soutenons qu'un homme n'est pas libre, lorsqu'il peut être mis en demeure d'accepter l'esclavage pour échapper à la faim.

Cet état lamentable est, d'ailleurs, le résultat de l'idée absolument fausse que l'on se forme de la nature du travail. Le travail est une marchandise, affirment les libéraux, une marchandise qui est soumise à la loi de l'offre et de la demande ; or, cette loi est une nécessité

à laquelle nous n'échapperons pas. — Erreur complète.
Car le travail est un acte humain et il doit être considéré
comme tel, dans ses rapports avec le capital.

Dieu a dit à l'homme : « *Tu mangeras ton pain à la
sueur de ton front.* » De cette parole découle la nature
du travail, et le Créateur, en la prononçant, semble
avoir voulu établir une étroite corrélation : « *Tu mangeras ton pain à la sueur de ton front* », c'est-à-dire :
ta vie matérielle sera le prix de ton travail ; salaire
égale vie, pour poser l'équation mathématiquement.
Mais si le salaire doit égaler la vie, il s'ensuit que le
salaire ne doit pas dépendre, dans sa conception pri-
mordiale, de lois essentiellement variables, comme les
lois de l'offre et de la demande, de la concurrence, de
la surproduction, etc., qui sont entièrement étrangères
aux nécessités de l'existence.

Il s'ensuit pareillement que tout salaire moyen infé-
rieur à ces nécessités, soit par l'effet d'une volonté posi-
tive, soit par suite d'un concours de circonstances
indépendantes de toute volonté, se trouve contraire au
principe de justice et à la loi de Dieu. Qu'on ne se
méprenne pas. Quand nous parlons des nécessités de
la vie humaine, nous n'entendons point parler de besoins
factices et de luxe exagéré ; nous n'entendons pas non
plus parler d'une vie réduite au strict minimum. Il
s'agit d'une vie humaine placée dans les conditions
d'existence de son milieu et de son temps. Dire à un
homme : tu ne vivras que de pain, est une injustice ;
lui dire : tu n'as pas besoin de vêtements propres pour
tes dimanches, est une injustice ; lui dire : lorsque les
souliers sont d'un usage commun, tu ne porteras que
des sabots, tes pères s'en contentaient, est une injustice ;
lui dire : tu seras sevré de toutes les jouissances que l'ordre commun permet aux autres, tu ne fumeras jamais,
tandis que tout le monde fume autour de toi, tu ne
monteras jamais dans un omnibus, tu ne recevras
jamais chez toi un parent ou un ami ; dire cela est
encore une injustice. En droit, au milieu d'une société
prospère, il ne peut y avoir des hommes ainsi déshérités.

Le salaire doit donc permettre à l'ouvrier de vivre d'une
vie normale, telle que le comporte l'état actuel de la
civilisation.

Certains catholiques, écor.omistes et théologiens, qui
repoussent ces réclamations formulées au nom de la
justice, mais dont la conscience et le cœur protestent
contre des abus trop criants, ont essayé de faire intervenir un autre élément dans la discussion. Ils ont en-
seigné que, l'industrie étant prospère, « l'équité, cet
heureux intermédiaire entre la justice stricte et la libre
charité », demande un taux de salaire suffisant pour
le développement régulier de la classe ouvrière, espérant
trouver ainsi un moyen de remédier aux inconvénients
d'une doctrine que l'on disait trop avancée chez nous et
trop dure chez eux. Mais nous ne pouvons admettre ce
raisonnement : la matière est trop délicate pour que
l'on puisse se payer de mots ; les mots, tôt ou tard,
arrivant à fausser les idées.

Nous ne croyons pas, malgré les observations de nos
éminents adversaires, que l'équité puisse servir d'intermédiaire entre la justice stricte et la charité. Justice et
charité sont des vertus d'espèce différente et non deux
degrés d'une même vertu, et ce nous paraît une erreur
de faire de l'équité un être moral hybride, formant la
transition entre ces deux vertus. A notre sens, l'équité
que l'on pourrait définir : « une vertu qui assure à
chacun la jouissance de son droit moral, en plus de la
jouissance de son droit strict, d'une façon proportionnée
à sa nécessité, à ses besoins, à ses services, et d'une
façon tempérée par l'extension du droit moral des co-
contractants », se range sous la justice, comme une
espèce générale sous un genre, pour employer la langue
des philosophes.

Il suit de là que l'équité n'est pas une chose absolue ;
qu'elle varie selon les appréciations diverses et qu'elle
ne peut être prise comme fondement, ni même comme

élément principal, dans la discussion d'un contrat d'importance humaine et sociale absolue, comme le taux du salaire. Et c'est pourquoi il faut s'en tenir au principe de justice qui seul ne varie pas.

III

LE SALAIRE FAMILIAL.

Ce principe nous amène à parler des assurances et du salaire *familial*.

Des assurances nous ne dirons qu'un mot, l'idée en étant généralement acceptée aujourd'hui. Il est, en effet, de toute justice que l'industrie répare ou compense le mal qu'elle peut faire, lorsqu'elle blesse l'ouvrier et l'afflige d'une incapacité de travail transitoire ou permanente. Il est aussi de toute justice qu'il y ait dans l'industrie un amortissement du capital humain, comme il y a un amortissement du capital outil. Et, de même qu'une industrie bien ordonnée doit prévoir le cas où il lui faudra remplacer ses machines, réparant ainsi l'usure faite à son service, de même elle doit prévoir le cas où l'homme ne pourra plus travailler, afin de réparer, de ce côté aussi, l'usure qu'elle a causée.

Tout ceci est admis en général ; aussi ne croyons-nous pas nécessaire d'insister. Mais il n'en est pas de même de la question du salaire familial.

L'homme n'est pas un isolé ; Dieu l'a créé non seulement être social, mais encore être familial. Il a le droit de prendre une compagne, de fonder une famille, d'élever des enfants. Mais pour prendre une compagne, pour fonder une famille, pour élever des enfants, il faut avoir des moyens d'existence suffisants.

Or, le père seul doit travailler au dehors et rapporter au foyer les ressources nécessaires pour l'entretien de la femme et des enfants. Ce n'est pas à dire que la mère ne puisse et, parfois même, ne doive concourir à cette œuvre ; mais elle ne le peut et ne le doit que dans les conditions de son existence normale. Lorsque, devant Dieu et devant les hommes, elle s'est liée par le contrat du mariage, elle a accepté, comme devoir premier, l'obligation d'être épouse et d'être mère. Un tel contrat prime tout, et la femme ne peut rien accepter en violation de cet engagement. *Ipso facto*, tout autre contrat subséquent est nul de plein droit ; nul et barbare, parce qu'il tend à la déformation d'un caractère sacré, et qu'il empêche une créature humaine d'atteindre sa fin.

La femme qui passe sa vie à l'usine ou à l'atelier ne peut remplir, dans toute leur étendue, ses devoirs d'épouse, car elle n'a pas d'intérieur, car elle devient, les statistiques le montrent, souvent incapable d'être mère, ou, si elle enfante, elle ne peut remplir les devoirs de la maternité. Une mère n'est pas mère pour mettre son enfant à la crèche, et l'effrayante mortalité infantile de la classe ouvrière montre, bien mieux que tous les raisonnements , les terribles conséquences engendrées par la violation de cette loi.

Mais si la femme ne doit pas aller travailler au dehors, comme le travail du dedans est relativement peu de chose, à cause du temps qu'absorbent les soins du ménage, il est nécessaire de prendre quelque part les moyens de vivre. C'est le travail du père qui y pourvoira.

Les économistes n'admettent pas cette doctrine. Ils poussent les hauts cris, lorsqu'on essaie de la leur exposer, et nous traitent avec un dédain superbe, comme on traite des ignorants qui ont encore beaucoup à étudier.

C'est qu'il y a entre eux et nous une différence fondamentale, dans la manière d'envisager les problèmes sociaux. Les économistes, ou plutôt ceux qui revendiquent ce nom, comme si eux seuls avaient droit de le porter, discutent généralement sur deux abstractions : l'une qui s'appelle capital, l'autre qui s'appelle travail.

Nous, nous comptons avec les principes qui régissent la vie humaine. La question de savoir si on achète à meilleur compte ou si l'on vend plus cher, nous paraît relativement secondaire, et nous adhérons pleinement à la forte doctrine exposée dans la belle lettre du regretté cardinal Manning à l'évêque de Liège, où il est dit que

« faire passer le travail et le salaire avant les nécessités de la vie humaine et domestique, c'est renverser
l'ordre de Dieu et de la nature ; c'est ruiner la société
humaine dans son principe originel. »

Alors, objecterez-vous, je ne prendrai chez moi que
des célibataires. Non, vous sera-t-il répondu, car vous
devrez donner à ce célibataire le salaire familial. Si cet
homme veut se marier, il a besoin de quelques avances
pour son établissement ; s'il veut rester seul, il aura
besoin de plus d'économies, puisqu'il ne pourra pas
compter sur ses enfants. N'oublions pas, d'ailleurs,
que l'ouvrier a le droit de prolifier. Or, quand on discute sur un principe général, il faut considérer l'état
normal dans lequel ce principe doit être appliqué. Il est
dans l'ordre que l'ouvrier soit père de famille ; s'il ne
l'est pas, c'est une anomalie, une exception, mais on ne
discute pas sur les exceptions et elles n'empêchent jamais d'établir le principe général.

Ce que nous venons de dire, amène tout naturelle-
ment des conclusions.

Si les conditions du travail détruisent la vie domestique, mettent obstacle aux soins des enfants, font des
épouses et des mères des machines vivantes, et de
l'homme une bête de somme, se levant plus tôt que le
soleil et se couchant longtemps après lui, mangeant à la
hâte une nourriture insuffisante et tombant, le soir,
épuisé sur sa couche, il n'y a plus de vie domestique,
le dessein de Dieu est renversé, le droit à l'existence et
au foyer familial est violé ; il est impossible de continuer
dans cette voie.

Et remarquez que ce droit de l'homme à mener une
existence humaine est un droit absolu, un droit ina-
missible et inaliénable ; si bien qu'un ouvrier ne peut
pas y porter atteinte, en prolongeant outre mesure sa
journée, en se tuant de travail, en prenant des engagements qui rendraient impossible la vie de famille. Le
travail et le mariage sont deux choses saintes, mais le

contrat de mariage, d'une nature plus haute, puisque Dieu l'a élevé à la dignité de sacrement, prime le contrat de travail et ce deuxième contrat se trouve nul s'il est établi en violation du premier. Je fais remarquer, une fois pour toutes, que nous sommes ici sur le terrain des principes. Malheureusement, la nécessité de vivre oblige souvent le travailleur à subir l'oppression ; mais le droit n'en reste pas moins le droit.

Parce qu'on a méconnu cette vérité, le travail qui était l'honneur de la vie en a été maintes fois le bourreau ; l'industrie moderne est devenue homicide jusque dans ses moelles, violant au premier chef le saint commandement : *Non occides*, tu ne tueras point. Et le travailleur, malgré sa force et sa vaillance, a connu la faim, cette faim que décrivait Proudhon : « Cette faim de tous les instants, de toute l'année, de toute la vie, qui ne tue pas en un jour, mais qui se compose de toutes les privations et de tous les regrets, qui sans cesse mine le corps, délabre l'esprit, démoralise la conscience, abâtardit la race, engendre toutes les maladies et tous les vices. »

Parce qu'on a méconnu cette vérité, nous voyons grandir de plus en plus le fléau de l'immoralité ; en certains lieux le concubinage est la condition d'un grand nombre de familles ouvrières, et partout, la stérilité systématique du mariage fait trembler pour l'avenir du Pays.

Voici même que la langue s'est pervertie avec les mœurs. Quoiqu'il ait moins d'enfants que jamais, le travailleur n'est plus désigné que par le nom qui rappelle sa puissance prolifique, et nous avons vu se former la grande classe dite du prolétariat, mot si dur aux lèvres chrétiennes, parce que, méconnaissant la céleste origine de l'homme et sa fin sublime, on semble ne considérer en lui que la quantité d'os, de chair ou de muscles qu'il peut engendrer pour la société.

Ceux qui connaissent l'histoire, non pas l'histoire des manuels idiots qui font tout remonter à 1789, mais la grande histoire, celle qui s'appuie sur des documents et des faits, savent que pareilles misères n'existaient pas sous l'empire du droit chrétien. Cherchez, notamment, dans tout le XIIIe siècle, que nous ne donnons point comme l'idéal consommé, mais qui fut un siècle très chrétien cependant ; cherchez si vous trouverez une classe d'êtres comparables à nos millions de prolétaires, vivant dans l'insécurité absolue du lendemain, écrasés par des impôts énormes, ayant toujours à redouter l'apparition imprévue du chômage, et ne pouvant laisser à la femme et aux enfants, dans l'hypothèse d'une disparition subite, que la misère et que la faim (1).

(1) Sur la question du salaire en général et du salaire familial en particulier, voir notre ouvrage : *Propriété, Capital et Travail,* un vol. in-12. Paris : Bloud et Barral, rue Madame. Prix 3 fr. 50. Les questions rapidement traitées dans cette brochure y sont amplement développées.

IV

OBJECTIONS ET RÉPONSES.

On oppose à cette doctrine des réponses que l'on croit absolument péremptoires.

Le capital court seul les risques des entreprises qu'il a fondées, il a donc droit à une situation privilégiée ; c'est une injustice de le mettre sur le même pied que le travail ; le travail, lui, ne risque rien, ayant toujours reçu, quelle que soit l'issue de l'entreprise, son salaire quotidien.

Sans entrer ici dans la fameuse question de la participation aux bénéfices, sans énumérer, en face des risques du capital, tous les risques du travail : accidents, nécrose professionnelle, abaissement de la moyenne de la vie, etc., et nous contentant de prendre l'objection telle qu'elle est posée, nous demanderons : Est-ce bien vrai ?

Supposons que l'industrie subisse une crise et que de ce fait le capital se trouve entamé. Certes, c'est un malheur. Mais regardez à côté, vous verrez que la collectivité ouvrière dans sa totalité ou, du moins, dans une notable partie, se trouve jetée sur le pavé. N'est-ce donc pas là participer aux risques et périls de l'entreprise ?

Mais, direz-vous, nous n'avons engagé l'ouvrier que pour le temps durant lequel l'entreprise « marchera ».

Cette réponse est inadmissible. En réalité, l'ouvrier, ou mieux les ouvriers qui louent leur activité à un patron, la louent pour un temps indéterminé. Et vraiment ne trouvez-vous pas qu'il est tout à fait conforme à l'ordre naturel, à la bonne harmonie de la république, en un mot à l'économie chrétienne de la société, que l'ouvrier qui remplit fidèlement son devoir puisse compter sur la permanence de son engagement et ne soit pas réduit à vivre dans une perpétuelle insécurité du lendemain ? Et alors, vous paraît-il équitable qu'un homme qui, durant des années et des années, collabore et contribue à la prospérité d'une industrie, voie sa condition rester identiquement la même, quelle que soit la prospérité de cette industrie ; tandis qu'il est exposé à être mis dehors et privé de pain, dans un moment de crise, lorsque l'industrie « ne va pas » ?

Remarquez que nous n'envisageons ici l'ouvrier que comme individu, mais notre raisonnement sera bien plus fort, si nous envisageons cet ensemble que l'on pourrait appeler le *corps-ouvrier,* qui, étant depuis longtemps au service de l'industrie, a dû, doit et devra pâtir fatalement, dans les cas de décadence continue ou de non-prospérité passagère.

C'est pourquoi nous réclamons partout, comme moyen de pallier cette *in-équité,* l'institution de la caisse corporative dont le rôle serait d'assurer la suffisance et la fixité du salaire dans les jours de variation ou dans les cas d'imprévoyance non coupable. Car c'est encore une chose dont il faut tenir grand compte : la classe ouvrière, précisément parce qu'elle est classe ouvrière et attachée à des travaux matériels, est à peu près nécessairement composée de gens imprévoyants. Et si vous objectez, vous, patrons, que vos usines ou vos ateliers sont incapables de soutenir la concurrence dans de pareilles conditions, que vous serez obligés de liquider ou de faillir et que les ouvriers en souffriront cruellement ; on pourra vous répondre qu'une entreprise qui ne peut pas faire subsister son personnel doit disparaître ; que son maintien est un mal social. L'industrie attire trop de monde dans les grands centres, les campagnes manquent de bras et cependant l'émigration continue vers les villes, précisément à cause de cette multiplicité des usines et des ateliers où l'on croit trouver travail et subsistance et où on ne rencontre trop souvent, hélas ! que le chômage et que la faim.

Il y a là des idées fécondes, et des horizons nouveaux éclairés par un soleil de justice s'ouvrent devant nos yeux, lorsqu'on veut ainsi juger les grands faits qui forment le fond de la question ouvrière : le capital, le salaire, le travail.

Ceux qui ne vont pas si loin et qui ne s'abaissent pas à discuter les principes, opposent une objection superbe et croient avoir répondu à tout, lorsqu'ils ont parlé de la naturelle cupidité des ouvriers. Mais, qu'entendent-ils par là ? L'ouvrier est cupide, soit ; mais c'est *comme homme* qu'il est cupide, et non *comme ouvrier*. Et le patron, lui, ne l'est-il point ? Retient-il pour lui toutes les vertus, se trouve-t-il toujours sans défaut ? Puis, si les travailleurs exagèrent certaines revendications, est-ce toujours leur faute ? Ceux qui refusent à peu près tout et n'accordent quelque chose que contraints et forcés, doivent-ils s'étonner si les réclamants demandent trop pour obtenir un peu ?

Autre objection :
Quand l'ouvrier est malheureux, c'est sa faute. S'il dépensait moins, s'il buvait moins, s'il économisait un peu, pareilles souffrances n'arriveraient pas.
Est-ce bien sûr ?
D'abord le Pape, qui apparemment sait ce qu'il dit, nous a affirmé solennellement et très catégoriquement que ces pauvres gens sont dans une « *condition de misère imméritée* », ce qui exclut déjà la culpabilité du plus grand nombre d'entre eux. Puis ceux qui parlent ainsi ont-ils fait leur enquête sur les salaires ? S'ils l'ont faite, ils ont pu constater que la moyenne, en France, en tenant compte des chômages, est absolument insuffisante pour les besoins.
Ont-ils fait leur enquête sur la misère ? S'ils l'ont faite, ils doivent savoir que sur les 87.000 personnes qui, en 1892, ont passé par le dépôt, il y en avait 50.000 contre lesquelles on n'avait d'autre délit à relever que la misère. De casier judiciaire, ces malheureux n'en avaient pas, mais ils étaient sans ressources, sans do-

micile, sans travail. « Quiconque, dit le P. de Pascal, peu content d'exercer la noble profession d'économiste en chambre, a fait quelques excursions au pays du travail et de la misère, a pu constater et comme toucher la vérité de ce fait douloureux : l'impossibilité dans le régime actuel, pour le travailleur sans exception, d'améliorer d'une manière régulière et stable sa condition de vie. L'existence, pour lui plus que pour tout autre, est une lutte acharnée, sauvage qui, trop souvent, le laisse brisé, meurtri, proie promise à la faim et au désespoir. Les statistiques nous apprennent, et elles ne disent pas tout, que, même en plein dix-neuvième siècle, il y a des milliers de créatures humaines qui meurent de faim. D'autres penseront et diront ce qu'ils voudront ; pour moi, je déclare très haut qu'un chrétien ne peut pas envisager de sang-froid une pareille situation et que, disciple du Maître qui nous a mis le *Pater* sur les lèvres, nous ne pouvons pas accepter comme tolérable, un ordre social où se passent de telles abominations. »

Quant au reproche d'immoralité que l'on adresse au peuple, il faut envisager les choses dans leur réalité et ne pas s'exposer à être injuste pour avoir jugé trop superficiellement.

La moralité du peuple aussi bien que sa religion, du reste, subit l'influence de circonstances extérieures dont il faut tenir grand compte comme élément d'appréciation. Contentons-nous d'en indiquer quelques-unes : le pain quotidien qui empêche la faim d'atrophier, dans une certaine mesure, le jugement de la conscience ; le sommeil honnête, chacun reposant dans son lit ; le repos hebdomadaire, l'ouvrier ayant sa vie gagnée le dimanche et pouvant donner un peu de relâche à son esprit et à son corps, seul moyen d'échapper à l'abrutissement. Tout cela paraît essentiel pour que la moralité se développe dans un être humain. Si ce minimum de besoins physiques n'est pas satisfait, la moralité, sauf de très rares exceptions, ne sera guère possible et, dans une large proportion, la responsabilité du malheureux pourra être atténuée.

Léon XIII, après saint Thomas, nous a rappelé que, dans l'homme, l'exercice de la vertu requiert ce minimum de biens matériels. Que dire alors, quand nous voyons tant d'êtres humains qui ne le possèdent pas ; qui, par suite d'une organisation du travail absolument désastreuse, peuvent se trouver dans l'impossibilité de jamais connaître Jésus et d'entendre jamais la voix de l'Eglise au moins d'une manière suffisante pour en retirer quelque profit ; tant d'êtres humains qui n'ont ni le temps moral, ni le temps matériel pour descendre en eux-mêmes, connaître leur devoir, compter leurs fautes, frapper leur poitrine et prendre des résolutions? Le droit au salut et à la sanctification est absolument méconnu dans l'ordre social actuel et, pour des milliers et des milliers d'âmes, se trouve pratiquement annulé, par suite de l'absence de ce minimum de biens matériels.

Ajoutez à cela que tout concourt à faire de l'homme une machine et que, jusque dans la culture du sol, l'ouvrier se trouve de plus en plus réduit à ne produire que des mouvements automatiques. La vie de beaucoup de travailleurs se passe à pousser toujours le même ressort, dans la même direction ; comment voulez-vous, si vous ne donnez pas à cet homme un peu de répit par ailleurs, qu'il garde sa personnalité et qu'il puisse marcher, les yeux dans la lumière, vers le progrès moral ?

Aussi, ne vous étonnez pas, si, sans nier des fautes extérieures très réelles, nous sommes indulgents et nous nous sentons pris d'une compassion immense pour certains déshérités, forçats du travail dont le froid et la faim tenaillent la chair, qui n'ont jamais le repas du lendemain assuré, qui aperçoivent comme triste conclusion à leur pitoyable existence, la morgue ou l'hôpital, et dont le sens moral, par suite, subit une effroyable dépression.

L'histoire de l'industrie en notre siècle et jusqu'en ces dernières années, où quelques efforts ont été faits pour remonter le courant, offre un spectacle lamentable. La concurrence est là, qui pousse, qui pousse impitoyablement, et réclame du travailleur le maximum de rendement. Plus de dimanches, plus de fêtes, les devoirs religieux font perdre trop de temps. Le labeur commencera avant l'aube et finira plusieurs heures après le coucher du soleil ; qu'importe que l'homme arrive chez lui harassé et incapable de jouir de la vie de famille : la concurrence est là !..

La concurrence est là !... Il faut abaisser les prix, il faut diminuer les salaires ; au besoin, on fournira à meilleur compte des vivres de qualité inférieure. Et si, dans ces conditions, l'ouvrier est incapable de fonder une famille et d'avoir une femme à lui, eh bien ! il se passera de famille et s'il ne peut se passer de femmes, on lui en fournira.

Cependant, la baisse des salaires a une limite. Or, la concurrence est toujours là !.. Alors, partout où la chose sera possible, nous remplacerons les hommes par des femmes. Les jeunes filles auront leur place à l'usine ou à l'atelier, l'industrie y gagnera et le diable n'y perdra rien.

Puis, comme les machines paient l'impôt aussi bien la nuit que le jour, on doublera leur nombre, en n'interrompant jamais le travail ; la concurrence le veut ainsi, il faut diminuer les frais généraux. Et le service de nuit est organisé : la concurrence est toujours là !...

Que fait cet homme ? Je lui paie son temps et il ne me le donne pas tout entier. Son métier marche tout seul et lui laisse des moments de répit ; si nous lui donnions deux métiers à surveiller à la fois, ce serait pour nous tout profit : la concurrence est toujours là !...

N'est-ce pas odieux ?

Or, écoutez les économistes : « *Laissez faire, laissez passer.* » Peu importe que l'homme souffre, que la race s'abâtardisse, que les droits de la justice soient violés ; périsse le monde plutôt que nos principes. « *Laissez faire, laissez passer»* ; ils chantent toujours la même chanson.

Dans ces conditions, comment voulez-vous parler de moralité à un homme pareillement exploité ? Son regard ne se lève plus vers le ciel, les horizons se voilent ; pour son esprit et pour son cœur, il n'y a plus de nourriture ; la matière envahit tout. Est-ce entièrement sa faute, si, parfois, il se dédommage dans des plaisirs grossiers ; et si, n'ayant pas le temps de songer au paradis pour son âme, il cherche un paradis pour son corps ?

Et c'est là qu'il faut chercher la cause de cette aspiration encore vague et indéterminée, mais très réelle cependant, qui, afin d'échapper à l'esclavage et de sauvegarder leur vie morale, pousse les travailleurs à demander, en tant que membres d'une profession, certains droits et certaines garanties. Il ne leur suffit pas d'être bien traités et bien payés, ils veulent la reconnaissance de leurs droits et une organisation légale qui leur permette de débattre librement leurs intérêts. Ce qu'ils poursuivent, souvent inconsciemment, mais toujours ardemment, c'est un affranchissement économique qui leur apportera l'affranchissement moral. Et c'est pourquoi ils ont la prétention, prétention que nous trouvons, quant à nous, fort justifiée, de faire de la profession une propriété personnelle, dont nul ne peut les dépouiller, en dehors de certains cas prévus, et cela pour maintenir le présent, assurer l'avenir et échapper à la dépression de l'âme que cause une perpétuelle et angoissante insécurité.

V

LE RÉGIME DE LA PROPRIÉTÉ.

La question du travail amène nécessairement la question de la propriété.

Qu'est-ce que la propriété ? Les uns disent : c'est un droit ; les autres disent : c'est une fonction. Il me semble qu'on pourrait concilier les deux opinions en disant que la propriété confère des droits dans la mesure où elle impose des devoirs. La notion de la propriété qu'on a ressuscitée de nos jours est absolument contraire à cette idée, et c'est pour cela qu'elle nous paraît profondément injuste et destructive de l'ordre social, rappelant ce fameux *jus quiritium* qui était à Rome la clé de toute la puissance, la source de tous les biens, et que le Sénat donnait par fragments aux individus et aux peuples qu'il voulait s'attacher.

Le droit d'user est un droit légitime ; le droit d'user à sa fantaisie, sans aucun égard aux besoins du corps social, le droit d'user à l'exclusion de tout autre, de ce dont on ne sait, ni ne peut, ni ne veut jouir, est un droit injuste, anti-naturel, anti-chrétien, engendré par une théorie païenne directement contraire à la doctrine catholique. Car, en fait de propriété, et dans toute l'étendue du terme, il n'y a pas de droit absolu ; saint Thomas enseigne formellement et très explicitement, que la propriété privée devient commune pour un homme qui meurt de faim.

Combien cet enseignement est méconnu, aujourd'hui, dans notre société redevenue païenne et où se retrouvent les mêmes injustices qu'autrefois ! Allez donc dire à un de nos braves propriétaires qu'il n'a pas le droit de laisser ses champs en friche ; que la terre doit nourrir l'homme et non pas être consacrée, sur des espaces immenses, à entretenir des chasses pour le plaisir de quelques désœuvrés. Le brave propriétaire vous regardera tout étonné et vous répondra, avec une candeur absolument naïve : Ma terre est à moi, j'en fais ce que je veux. Et pourtant cet homme est dans le faux. Il se croit honnête, il se trompe, et il méconnaît d'une manière évidente son devoir social. Car, comme le faisait admirablement remarquer Mgr von Ketteler, dans un discours fameux : « Elle n'est pas seulement antichrétienne, elle est aussi antinaturelle, cette doctrine qui fait de l'homme le dieu de son avoir et qui lui donne le droit de détourner les fruits de la propriété qu'il devait distribuer à ses frères pauvres, pour la satisfaction de ses plaisirs et de sa sensualité débordante. »

Telle est la vérité. Il ne faut jamais oublier cette doctrine du prince des théologiens, que le droit de propriété véritable et complet sur l'homme, comme sur tous les biens de la terre, n'appartient qu'à Dieu et que le droit de l'homme, même restreint à l'usufruit, ne peut jouir de cet usufruit que selon l'ordre établi par Dieu.

Ce n'est pas le lieu d'entreprendre ici une thèse sur le droit de propriété ; nous ne faisons guère qu'exposer nos principes, sans avoir le loisir d'entrer dans de longs développements. Mais, puisque nous avons le bonheur de croire que ces principes sont en parfaite conformité avec l'enseignement de l'Eglise, nous ne voulons pas nous priver du plaisir de le montrer ici, brièvement.

D'abord le Droit canon, ainsi que le constate très savamment le grand historien Janssen, considère, selon la parole de l'Ecriture, la propriété comme un fief prêté par le Seigneur. La conséquence est facile à tirer : devant Dieu, le propriétaire est responsable de l'usage qu'il fait de son bien. Il n'a pas le droit d'en user selon son caprice ; et les Papes, gardiens de la loi de justice, ont maintes fois rappelé ce principe aux possédants qui l'oubliaient. C'est Clément IV, au xiiie siècle, permettant à tout étranger de défricher le tiers d'un domaine que le propriétaire s'obstinait à ne pas cultiver ; c'est Sixte IV, au xve siècle, déclarant « qu'il serait permis, à l'avenir et toujours, à tous et chacun, de labourer et d'ensemencer dans le territoire de Rome et du Patrimoine de Saint-Pierre, en Toscane, aussi bien que sur le littoral de la Campanie, aux époques voulues et habituelles, un tiers des champs incultes, à leur choix, quel qu'en fût le tenancier : monastères, chapitres, églises, ou lieux consacrés, ou personnes privées ou publiques de tout état et de toute condition, pourvu que, même sans l'obtenir, on en ait demandé la permission » ; des juges spéciaux devaient régler toutes les questions subsidiaires. C'est Clément VII revenant sur le même décret et le confirmant dans un *motu proprio*. Et cette doctrine est affirmée jusqu'au commencement du xixe siècle où Pie VI et Pie VII interviennent encore pour rappeler les devoirs sociaux de la propriété.

Il est vraiment curieux de suivre, dans le très intéressant ouvrage de Gabriel Ardant : *Papes et Paysans*, l'histoire de la lutte des grands propriétaires de l'Etat romain contre le Droit et les Papes qui en rappelaient l'obligation. On se croirait à notre époque et on s'imaginerait entendre discuter les économistes contemporains. Sous Clément VII en particulier, la similitude est frappante et les juristes raisonnent absolument comme nos contradicteurs. Il en est un, surtout, un certain Batisto Casali, dont l'âme — pour un instant, croyons à la métempsycose — a dû passer dans quelque savant manchestérien d'aujourd'hui.

Ce Batisto Casali, très habile en son art, avait accumulé un nombre incroyable d'arguments pour le grand profit de l'injustice et de l'oppression. Son discours à Clément VII est extrêmement remarquable : l'orateur s'efforce de prouver que le Pape est très mal informé et termine par cet avertissement solennel : « Prenez garde que de pareilles mesures ne jettent tous les intérêts menacés dans les bras de Luther. » Est-ce que cela ne vous rappelle pas ceux qui nous traitent de socialistes ? Il n'y a que les personnages de changés. « Quelle imprudence, Saint-Père, disait l'ineffable Batisto Casali ! En rappelant ainsi le droit, vous allez pousser tous les riches vers le Protestantisme. » —

« Quelle imprudence, nous dit-on ! En rappelant ainsi le droit, vous allez pousser tous les pauvres vers le Socialisme. » En sorte qu'il ne faut parler du Droit ni aux riches, ni aux pauvres ; il n'y a plus qu'une chose à faire, envoyer le Droit au fond d'un puits, rejoindre la Vérité.

Insistons encore pour bien montrer que l'usage de la propriété ne saurait avoir un caractère absolu.

Tout le monde connaît ce texte de la loi de Moïse qui marque si nettement la fonction sociale du possédant : « *Lorsque tu feras ta récolte dans ton champ et que tu y auras oublié une gerbe, tu ne retourneras point pour l'emporter. Elle sera à l'étranger, à l'orphelin, à la veuve, afin que l'Eternel ton Dieu te bénisse dans toutes les œuvres de tes mains. Quand tu auras secoué ton olivier, tu n'y reviendras point après : ce sera pour l'étranger, l'orphelin et la veuve. Quand tu auras vendangé ta vigne, tu n'y glaneras point après : ce sera pour l'étranger, l'orphelin et la veuve. Quand tu feras ta moisson de la terre, tu ne couperas pas tout à fait les coins et les bouts de ton champ, ni ne ramasseras les épis isolés ; mais tu laisseras tout cela pour le pauvre et l'étranger. — Moi, l'Eternel, votre Dieu.*»

En fait, le législateur établit là ce qu'on nomme une servitude ; et nous rappelons ce fait et cette doctrine, lorsque nous disons que Dieu a grevé la propriété d'hypothèques au bénéfice du corps social, hypothèques qui peuvent être considérées comme des droits restrictifs de la propriété, des droits conservés par la collectivité, sur les biens *appropriés* par les individus.

Le *Jus romanum* n'a jamais eu cette notion de la servitude, que le Droit slave et le droit germanique imprégnés de christianisme ont au contraire adoptée. En Droit romain, il n'y a que des servitudes contractuelles, des servitudes vendues et rachetables ; tandis que, en Droit chrétien, à cause de la notion plus précise et plus juste de la propriété, la servitude devient légale et impossible à racheter. C'est pourquoi on trouvait, partout où la loi chrétienne était respectée, les droits de glanage, de vaine pâture, de glandée, de passage et tant d'autres qui ont peu à peu disparu, à mesure que la conception du Droit païen revenait en faveur.

La grande faute vient de ce qu'on ne se rend pas suffisamment compte des deux éléments qui se trouvent dans l'idée de propriété. L'un, nécessaire et abstrait, fondé sur la nature ; l'autre, concret, fondé sur les faits contingents et qui est nécessairement variable, selon les temps, les lieux, les régimes divers. Saint Thomas qui a étudié avec son admirable lucidité d'esprit et sa géniale profondeur de pensée cette question si importante, établit clairement le droit, lorsqu'il enseigne que Dieu a donné la terre au genre humain, non pour être dominée confusément, mais pour que l'industrie humaine et les institutions des peuples en assignent la délimitation au commun profit de tous. Et il ajoute — vérité presque absolument méconnue de nos jours — que, sous le rapport de l'usage, les choses extérieures sont communes et non privées, en sorte qu'on doit en faire part aux autres en leurs nécessités.

Dans l'oubli de ces principes, il faut chercher une des causes principales du mal. Comme conséquence de la résurrection des théories païennes, la richesse a pris une prépondérance aussi injuste dans le présent que désastreuse pour l'avenir. Mammon est devenu le roi de ce monde ; le conseil de Guizot : «Enrichissez-vous », a servi de règle de conduite à tous ceux qui avaient quelque force dans la volonté. L'opulence s'est montrée d'une insolence inouïe et la foule a pu voir passer devant elle les spectacles les plus démoralisateurs. La jouissance du droit a fait disparaître peu à peu le sentiment du devoir. Ainsi, par un retour inévitable, la légitimité du principe a été remise en question, et nous avons vu se produire des attaques formidables contre l'existence même de la propriété. Puis, tandis que l'on agiotait, que l'on spéculait, que l'on tripotait, en vertu des théories nouvelles, on voyait les ruines s'accumuler, et sur les ruines, apparaître un grand fauve, le juif vorace, escorté, sous la forme de judaïsants, par une foule de petits carnassiers.

Et la misère régnait en souveraine, et le travailleur, ne pouvant plus manger son pain, comme Dieu le lui avait promis, à la sueur de son front, finissait par dire que les abus de la propriété devenant intolérables, il n'y avait plus qu'une chose à faire : supprimer la propriété.

VI

Le Socialisme.

Ainsi est né le socialisme.

Sans doute, les causes qui l'engendrèrent sont multiples, et il faudrait de longues. pages pour en faire la complète énumération.

Il y a des causes morales, il y a des causes religieuses, des causes sociales, des causes économiques, toutes fort intéressantes à étudier. Mais, dans ce nombre, l'une des plus importantes, cause à la fois morale, religieuse, sociale et économique, gît dans la question de la propriété. Sur ce point, il y a entre les catholiques et les socialistes un abîme que certains disent infranchissable, et cela, non sans quelque apparence de raison. Toutefois, qui sait si ce n'est pas précisément sur cette question de la propriété que s'opérera, entre les socialistes et les catholiques, une réconciliation qui est dans la force des choses, le socialisme n'étant, selon la parole d'un grand évêque américain, « que l'Evangile aigri »?

Je prie mes lecteurs de ne pas s'épouvanter, avant d'être allé jusqu'au bout ; ils seront toujours à temps de me maudire, lorsqu'ils arriveront à la fin.

Ne pourrait-on pas dire, en effet, que c'est pour avoir regardé l'usage de la propriété en général comme un droit absolu ; pour l'avoir ramené à la conception païenne du Droit romain dont nous avons parlé, que nous sommes tombés dans le gâchis au milieu duquel nous nous débattons aujourd'hui ?

Un homme me vend son travail, je puis donc en user à mon gré ; je puis donc prolonger à mon gré les heures de ce travail et transformer l'être humain en une machine qui marchera sans trêve ni repos. Je puis offrir

pour ce travail un salaire dérisoire que l'ouvrier sera
bien forcé d'accepter, sous peine de se croiser les bras
et de mourir de faim. Je puis, quand il me plaira, et
cela sans aucun motif, s'il est journalier, l'expulser de
mon chantier ou de ma terre et le jeter sur le pavé,
l'exposant ainsi à mourir de faim avec sa femme et ses
enfants.

Je puis laisser mes domaines en friche, tandis que
des milliers de bras demandent du travail ; je puis tenir
mon usine ou mon atelier dans des conditions hygié-
niques déplorables, nul n'a le droit d'y trouver à redire.
Au point de vue de la stricte justice, l'usage de la propriété étant un droit absolu, je puis, sans violer la
stricte justice, — il n'est pas ici question d'humanité
ou de charité — louer à de pauvres gens qui ne peuvent
aller ailleurs, des logements insalubres, comme nous
en trouvons par centaines dans nos grandes villes,
malgré les commissions de surveillance et malgré la loi.
Ma propriété est absolue, je puis sur elle ou à son sujet,
sans limites, agioter, tripoter, etc., etc.

On comprend qu'en présence de ces corollaires monstrueux et malheureusement trop réels, certains hommes
se soient levés pour protester et pour combattre le mal.
D'un principe vrai : la propriété est conforme au droit naturel, beaucoup de possédants avaient tiré la conséquence
fausse : donc je puis en user et en abuser ; les socialistes
partirent de ce point et conclurent à leur tour, confon-
dant l'usage et l'abus : l'institution engendre d'effroyables désordres, donc elle doit être supprimée. C'est
ainsi que Proudhon arrivait logiquement à son fameux
aphorisme : « La propriété, c'est le vol. »

La situation est ainsi bien établie : d'un côté, l'affirmation du droit naturel mal compris, entraînant la
négation ou la suppression du devoir social ; de l'autre :
application mal comprise du devoir social entraînant
la négation du droit naturel.

Et maintenant, suivons le mouvement. Dans le premier camp, depuis quelques années, on commence à

comprendre qu'il y a nécessité, sinon à faire disparaître du moins à restreindre ce que nous avons appelé la conception païenne du droit de propriété ; de là les lois nouvelles, quoique bien insuffisantes, sur le régime du travail. Dans le second, une marche contraire : atténuations dans la négation radicale du droit de propriété, efforts très évidents, et chez certains très sincères, pour concilier la doctrine collectiviste avec la propriété individuelle.

Il y a là un sujet d'étude très curieux et aussi très consolant ; on y trouvera peut-être un peu de confiance au milieu du péril.

VII

L'Intervention de l'Etat.

Nous avons exposé la doctrine et les principes fondamentaux qui, dans l'exercice de leur activité physique, doivent régler les rapports des hommes entre eux. Mais si telle est la doctrine, il est évident que tels ne sont point les faits, et on a le droit de nous demander par quels moyens il serait posssible, mettant en œuvre ces théories, d'organiser le règne de la justice et de rétablir l'ordre social.

Pour découvrir ces moyens, il n'est pas nécessaire de nous livrer à de longues recherches, nous les trouvons indiqués dans l'Encyclique qui réclame l'intervention de l'Etat et l'organisation du travail.

L'intervention de l'Etat ! Quelles protestations soulevait naguère cette thèse, lorsque nous la défendions, avant l'apparition de l'Encyclique *Rerum novarum* ; et quelles protestations ne soulève-t-elle pas encore, même chez des catholiques qui se croient « bien pensants ». — « L'intervention de l'Etat ! mais vous n'y songez point ! L'Etat athée, l'Etat persécuteur ! Vous voulez donc tout perdre... vous réclamez la tyrannie... c'est la mort de l'Eglise... L'Etat est déjà bien assez puissant ; si vous le fortifiez encore, nous sommes perdus ; etc., etc... »

Et le Pape, qui voit clairement la situation, qui n'ignore pas que « l'Etat est athée », que « l'Etat est persécuteur » ; le Pape, qui a la garde de l'Eglise et des âmes, n'en demande pas moins l'intervention de l'Etat (1). C'est que le Vicaire du Christ voit plus loin,

(1) « Sans doute l'intervention et l'action de ces pouvoirs ne sont pas d'une indispensable nécessité, quand, dans les conditions qui règlent le travail et l'exercice de l'industrie, il ne se rencontre rien qui offense la moralité, la justice, la dignité humaine, la vie domestique de l'ouvrier ; mais quand l'un ou l'autre de ces biens se trouve menacé ou compromis, les pouvoirs publics, en intervenant comme il convient et dans une juste mesure, feront œuvre de salut social ; car à eux il appartient de protéger et de sauvegarder les vrais intérêts des citoyens, leurs subordonnés. » (Discours de Léon XIII aux pèlerins ouvriers français. — Octobre 1897.)

parce qu'il voit de plus haut. Derrière le présent qui est sombre, il voit l'avenir qui est radieux et, quoique l'Etat soit « persécuteur et païen », le Pape ne veut pas lui enlever sa fonction naturelle et sublime d'être « *minister Dei in bonum* », c'est-à-dire d'être l'agent du progrès et le promoteur intelligent du bien social. Réduire le Souverain à n'être qu'un gendarme ou un veilleur de nuit, c'est méconnaître le caractère essentiel du pouvoir « qui vient de Dieu ».

Mais Léon XIII va plus loin, et il affirme nettement la nécessité d'une législation internationale du travail : « Nous approuvons, dit-il dans sa lettre à Gaspard « Decurtins, cette autre résolution du congrès de Bienne, « en vertu de laquelle doit être prochainement convo- « quée une nouvelle et plus nombreuse réunion d'ou- « vriers qui recommandera, par un vote unanime, à « ceux *qui président aux affaires publiques, de* « *veiller à ce que, partout, des lois qui soient les* « *mêmes, protègent* la faiblesse des enfants et des « femmes qui travaillent, et fassent passer dans la pra- « tique les conseils que nous avons donnés dans notre « lettre.

« De grandes démonstrations ne sont pas nécessaires, « pour faire comprendre que *ce vœu est souverainement* « *raisonnable.* Car, s'il y a un motif grave et juste « pour lequel l'autorité publique a le droit d'intervenir, « afin de protéger par des lois les intérêts des ouvriers, « on ne pourra assurément pas en trouver de plus grave « et de plus juste, que la nécessité de secourir la faiblesse « des enfants et des femmes… Et, d'autre part, *il est évi-* « *dent pour tous, que la protection donnée au travail* « *des ouvriers serait très imparfaite, si elle l'était par* « *des lois différentes que chaque peuple élaborerait* « *pour son compte.* »

Ils sont donc en bonne compagnie, ceux qui, malgré certaines réclamations, demandent nationalement et internationalement l'intervention de l'Etat.

Certes, il ne s'agit pas ici de violer le *droit strict* du prochain comme fait le socialisme. Mais il ne faut pas oublier non plus qu'à côté du droit strict, il y a un droit moral ou, mieux, des *droits moraux,* plus larges que les droits stricts et qui peuvent se plier aux circonstances. C'est là surtout que peut apparaître, dans toute sa bienfaisante influence, le rôle de l'Etat qui doit « modérer » équitablement ces droits divers, pour faire régner la justice et la paix. Nous reconnaissons parfaitement que l'individu ne peut *exiger* de l'individu toute l'ampleur de son droit moral ; par exemple, *tel* ouvrier ne peut exiger strictement de *tel* patron l'absolue sécurité du lendemain ; mais cela ne nous empêche pas d'affirmer aussi que tout citoyen a le droit d'*exiger* de l'Etat une organisation sociale qui lui permette d'obtenir une somme modérée de bien-être, en échange de son travail. La société impose des charges fort lourdes à l'individu : elle lui demande son argent par les impôts, son temps par la caserne et les prestations, sa vie même en certains cas, pour défendre le sol menacé ; il est bien juste que, en retour, l'individu puisse jouir des bénéfices de l'état social. Or cela n'est pas possible dans une organisation qui aboutit fatalement, les capitaux se concentrant de plus en plus dans les mêmes mains, à produire l'extrême richesse en haut et l'extrême misère en bas et à partager les citoyens en deux catégories, ceux qui doivent devenir nécessairement de plus en plus riches et ceux qui doivent devenir nécessairement de plus en plus pauvres.

Voilà le rôle du « Souverain » autrement dit de l'Etat. Il doit veiller à ce que la justice règne dans la république ; il doit, comme nous l'avons dit, « modérer » équitablement les droits de chacun et remédier à cet abominable *struggle for life* dans lesquels les petits seront toujours mangés par les gros.

Tel est le principe. Mais ce principe qui pourrait évidemment enfanter la plus abominable des tyrannies a son contre-poids dans un autre principe tout aussi capital, le principe de l'association, agent le plus puissant de la paix sociale, complétant et modérant l'action du « Prince » ; en sorte que, à un maximum d'organisation sociale doit répondre un minimum d'intervention, et à un minimum d'organisation sociale, un maximum d'intervention de l'État.

Hélas ! nous sommes aujourd'hui au minimum d'organisation, et c'est pourquoi il nous faut réclamer un maximum d'intervention qui diminuera, d'ailleurs, par la force même des choses, lorsque l'ordre sera revenu dans la société en général et dans le monde du travail en particulier.

En attendant, nous demanderons à l'État, qui seul aujourd'hui peut le faire, d'assurer à l'homme la part de biens religieux, moraux et matériels sans lesquels il ne saurait vivre et satisfaire les exigences de la nature que lui a donnée le Créateur. Nous demanderons à l'État d'assurer à l'ouvrier le repos de ses dimanches et l'instruction chrétienne de ses enfants ; d'élever une digue devant les flots débordants de la corruption ; de surveiller les conditions du travail, surtout en ce qui concerne les femmes et les enfants ; de fixer une limite à la durée du labeur quotidien, afin d'empêcher que l'ouvrier ne devienne une machine ; de rappeler à tous le principe malheureusement trop oublié que l'industrie est faite pour l'homme et non l'homme pour l'industrie ; de songer enfin aux invalides du travail et de faire respecter, dans les questions de salaire, le droit si souvent violé de nos jours.

Mais quel sera le mode de cette intervention ? Voulons-nous courber les générations nouvelles sous un joug odieux et faire peser sur elles cette main de fer qui est toujours trop lourde, même quand elle veut protéger ou caresser ? Non. Pas plus que d'autres, nous ne voulons de cette ingérence importune ; et nous ne l'acceptons provisoirement que parce que nous ne pouvons

nous en passer. Nous croyons que l'État est le gardien de la justice : c'est lui qui sauvegarde les principes et qui, seul, a la force matérielle suffisante pour les faire respecter ; mais c'est le groupement social ou, pour mieux dire, la profession, qui doit s'organiser corporativement elle-même, appelant ensuite l'État pour donner une sanction aux règlements.

VIII

L'Association.

C'est donc en définitive dans l'association que nous trouvons le véritable remède ; aussi l'Encyclique *De conditione opificum* en représente-t-elle, avec une force singulière, l'absolue nécessité. Bon gré mal gré, il faut en venir là, si on ne veut succomber sous les maux engendrés par l'individualisme ou devenir la proie du régime bureaucratique et perpétuer, en l'aggravant, ce mal endémique de notre époque qui fait qu'une moitié du corps social sera bientôt uniquement occupée à gouverner l'autre moitié.

L'individualisme dans lequel nous vivons est peut-être le plus dissolvant de tous les principes antichrétiens et antisociaux qui creusent les abîmes où semble devoir se perdre la pauvre humanité : individualisme dans le régime politique, individualisme dans le régime économique, individualisme partout. L'homme, dans la lutte pour l'existence, ne peut compter que sur son *moi*, la société ne formant plus un corps, mais une agglomération d'atomes qui menacent de se désagréger à chaque instant. On se demande même comment, fondée sur un principe aussi contraire à la nature des choses, notre société contemporaine a pu subsister si longtemps. Il est vrai qu'elle est à bout de voie ; et il n'y a pour le nier que les aveugles ou ceux qui ferment les yeux, afin de ne point voir.

Il est pourtant bien facile de constater le mal, de reconnaître que le monde n'est plus orienté vers l'amour, qu'il ne sait plus produire la richesse qu'en engendrant la division et la haine entre deux classes, dont l'une jouit tandis que l'autre souffre, condamnée aujourd'hui à la faim lente, et à la faim aiguë peut-être demain.

Au moyen âge, la situation était bien différente.

Sur la foi de je ne sais plus quelles histoires écrites comme on écrit les romans, beaucoup s'imaginent que la condition des hommes était abominable, dans ces temps. Ils croient, entre autres choses, que les paysans étaient de vrais sauvages et que le portrait fantaisiste et ridiculement odieux qu'en a tracé La Bruyère représente la vérité. C'est une erreur profonde. Lorsque chaque métier était protégé contre la concurrence, lorsque la production était réglée selon les besoins, et le salaire fixé de façon à assurer la vie de l'ouvrier, la misère était certes moins grande qu'aujourd'hui. Sans doute, il y avait des désordres, des guerres publiques et privées ; sans doute, certaines parties de l'industrie étaient en retard et l'agriculture avait un outillage imparfait ; mais, — c'est chose désormais acquise, depuis les savants travaux qui ont été faits sur cette époque — le peuple travaillant a pu alors se nourrir, s'habiller, se chauffer, s'installer dans sa maison, plus commodément et plus richement, à la ville et à la campagne, qu'il ne le peut aujourd'hui.

C'est que, à cette époque, le monde du travail était organisé.

On a prétendu que le péril social avait pour cause la révolution causée dans le monde économique par le développement du machinisme ; cette affirmation ainsi présentée ne nous paraît pas exacte. Le mal vient surtout de ce que les conditions nouvelles de l'industrie ont coïncidé au commencement de ce siècle avec le triomphe de l'idée libéraliste et la désorganisation du travail. La doctrine de Turgot, la suppression des corporations qui en a été la conséquence, le système de crédit financier résultat naturel de l'individualisme, ont produit un milieu éminemment favorable au développement de l'arbre dont nous cueillons aujourd'hui les fruits. Et, pour employer les termes et le langage de l'École, nous pouvons dire que l'idée libéraliste, la législation libéraliste, les mœurs libéralistes, en tout ce qui concerne le travail, ont été comme l'élément *formel* d'un ordre de choses dont le développement du machinisme constituait l'élément *matériel.*

Ainsi nous sommes arrivés à la situation actuelle. Et voilà comment, aujourd'hui, l'inorganisation complète, la concurrence sans restriction, l'anarchie dans la production, la loi de l'offre et de la demande dans le salaire, la doctrine qui fait du travail une marchandise jetée sur le marché, en un mot le libéralisme manchestérien et le capitalisme juif qui nous oppriment, ont amené ce résultat que, le peuple travaillant est mal nourri, mal habillé, mal logé, incapable de nourrir femme et enfants et toujours angoissé par une perpétuelle incertitude du lendemain.

Lorsque les historiens de l'avenir étudieront la constitution sociale de notre époque, j'imagine qu'ils éprouveront de profonds étonnements et qu'ils seront obligés de se demander comment une société a pu vivre et se développer dans de pareilles conditions. Ils verront une puissance formidable qu'on appelle l'Etat, servie ou plutôt commandée par une bureaucratie qui peut tout se permettre, qui a étouffé toute initiative individuelle, toute vie locale et qui, par une centralisation insensée, a laissé dépérir, presque jusqu'à la mort, les admirables institutions du passé : la Famille, les Associations, la Commune, la Province, rameaux jadis superbes de l'arbre social.

Ils entendront l'écho de quelques voix isolées qui ont poussé le cri d'alarme ; mais, en même temps, ils constateront qu'il a fallu de longues années pour que ce cri fût écouté et que le seul bruit des flots du Socialisme qui montait en grondant, comme une marée irrésistible, a pu réveiller les endormis. Peut-être, hélas ! seront-ils obligés de raconter les effroyables secousses et les douloureuses épreuves d'une société voulant s'arracher aux étreintes d'un Etat nouveau qui, non content de prendre, comme l'ancien, l'enfant dans ses écoles, la jeunesse dans ses casernes, les malades dans ses hôpitaux, les produits du travail et de l'épargne nationale dans ses coffres et ses budgets, prétendra, sous prétexte de socialisation, obliger un peuple devenu esclave à recevoir de sa main, *panem et circenses*, le pain et les plaisirs, en échange de l'honneur et de la liberté.

IX

La Révolution sociale.

C'est, en effet, à l'avènement du monstre qu'aboutira fatalement la désorganisation sociale dans laquelle nous sommes plongés.

Voilà longtemps que l'œuvre se prépare. Le droit rationaliste et païen qui fleurit dans toute sa splendeur, la centralisation à outrance, la morale de l'intérêt devenue un principe, l'indépendance absolue de la propriété érigée en axiome, le tout aboutissant au monstrueux système du « *laissez-faire laissez-passer* », agissent avec une puissance incomparable pour miner les bases de la société. Un reste des mœurs chrétiennes d'autrefois lutte encore et retarde l'apparition des dernières et désastreuses conséquences de cet état de perversion sociale, mais cela même ne sera bientôt plus qu'un souvenir. A l'heure où nous sommes, la résistance ne trouve plus de force où s'appuyer, et déjà on peut suivre aisément, à travers l'histoire du siècle, les effets produits par cet individualisme dissolvant.

Le Droit nouveau, institué en dehors de la pensée chrétienne, a l'intérêt pour principe et l'intérêt pour unique régulateur ; chacun ayant liberté pleine et entière de poursuivre son avantage, pourvu qu'il respecte les droits du voisin. Je sais bien que certains hommes s'extasient devant cette conception sociale qui, paraît-il, donne l'élan aux initiatives et doit forcément produire de merveilleux résultats. Hélas ! nous les connaissons, les résultats. Ils oublient, ces économistes à vue courte, que le *summum jus* entraîne avec soi le *summa injuria* ; ils oublient que l'intérêt général devient, dans leur système, une quantité absolument négligeable, chacun s'efforçant de réaliser les plus grands bénéfices, sans prendre aucun souci du prochain. La propriété n'a plus la notion de ses devoirs ; devenue, dans son sens littéral, le *jus utendi et abutendi*, elle méconnaît sa fonction sociale et ne se définit plus que par ses droits. Quant au travail, ce n'est plus un honneur, comme à l'époque du Paradis, ni même cette punition infligée d'un cœur de père par le Créateur, après le péché ; c'est un châtiment âpre et cruel, qui, sauf de très rares exceptions, ne laisse entrevoir aucun adoucissement aux condamnés. Toujours vaincu par l'or, la seule puissance du jour, le travail ne peut pas même revendiquer le droit d'être un des moyens directs, naturels et légitimes d'acquérir la propriété.

En bas de l'échelle sociale, nous avons des ouvriers industriels ou agricoles qui tombent les uns après les autres dans le prolétariat. N'ayant à peu près rien gagné au progrès économique, car s'ils ont plus de salaires, ils ont aussi plus de besoins, ils constatent qu'il n'y a aucune proportion entre les avantages qu'ils retirent de ce progrès et les avantages qu'en retire la classe possédante. Isolés dans la vie, comme des enfants perdus jetés sur le trottoir, ne pouvant, dans l'ordre économique, compter que sur eux-mêmes ; travaillant un jour au delà de leurs forces, livrés le lendemain au chômage imprévu ; ayant sous les yeux le spectacle d'un luxe insolent et démoralisateur ; victimes de la concurrence et de toutes les désastreuses conséquences de la loi de l'offre et de la demande ; ils sentent fermenter la haine dans leurs cœurs aigris et sont tout prêts à déchaîner le fléau des révolutions.

Il y a des rapports étranges entre le mouvement socialiste de notre époque et ce terrible mouvement hussite qui, au XV⁰ siècle, ayant pris son origine en Bohême et s'étant propagé rapidement, mit une partie de l'Allemagne à feu et à sang. Alors, comme aujourd'hui, le petit peuple écrasé, pressuré, exploité sans trève ni merci, tandis que la classe supérieure jouissait sans pudeur et s'abîmait dans le luxe et la corruption, sentait que la coupe de colère allait déborder terriblement.

Et, quand il vit se lever dans son sein ou venir vers lui, des hommes capables de donner une expression à ses colères latentes et une organisation à sa force non encore soupçonnée, il se leva, poussa son cri de guerre, et voulut couper toutes les têtes trop hautes, au nom de l'égalité.

Les modernes socialistes s'appuient encore sur le même principe. Ils n'ont pas, comme jadis, l'idée religieuse pour levier ; les sentiments sont moins nobles et l'idéal moins élevé ; mais la passion de l'égalité se présente avec la même intensité, et la souffrance causée par les dénis de justice soulève les mêmes colères qu'autrefois.

L'antagonisme des catégories sociales est la caractéristique spéciale du malaise dont nous souffrons. Cet antagonisme s'accentue de jour en jour, mais avec cette circonstance terriblement aggravante qu'il ne s'agit plus, comme autrefois, d'un fait local et intermittent, mais d'une lutte internationale et permanente dont la seule préparation constitue un effrayant danger pour l'avenir.

Ajoutez à cela que, partout, les issues sont fermées. Le prolétaire ne peut plus s'élever jusqu'à cette condition moyenne qui autrefois était le premier échelon dans la montée sociale. Car, de plus en plus, ce qu'on appelait jadis la classe moyenne tend à disparaître et, bientôt, sera disparue entièrement, laissant tomber une partie de ses fils dans le prolétariat, et n'ayant pour l'autre qu'une ambition : fournir des employés et des fonctionnaires aux grandes Compagnies et à l'Etat.

Quant à l'aristocratie, il ne peut plus en être question : elle s'est suicidée elle-même. Aujourd'hui, avec une bonne grâce parfaite, elle cède la place au dieu Million, à la suprême toute-puissance de Sa Majesté l'Argent.

Et, fatalement, il devait en être ainsi, parce que l'individualisme méconnaissait toutes les lois de la résistance sociale. Il est impossible de briser le câble qui retient le navire, mais combien facile de rompre successivement les fils de chanvre dont il est composé !

Ainsi la société, sans cohésion entre ses membres,

est devenue comme une sorte d'hôtel-terminus où chacun a essayé d'avoir la meilleure chambre, au détriment du prochain, de prendre au banquet la place la plus commode , pour manger les morceaux les plus succulents, n'ayant aucun souci de ses voisins plus ou moins anonymes, ne songeant qu'à soi, autour de la table d'hôte égalitaire et banale, et mangeant à pleine bouche, jusqu'à l'heure de se lever et de partir.

Parmi ces passants, les meilleurs donnent une aumône ou jettent un os à celui qui n'a pas le nécessaire; mais ce n'est que le secours d'un moment, et la terrible question de l'existence revient aussitôt. Les autres, les mauvais, ne daignent même pas retourner la tête ; et, enfin, mauvais ou bons, ils ne se croient responsables de rien. Si on dit à l'un d'eux : Qu'as-tu fait de ton frère ? Il répond : Suis-je donc le gardien de mon frère ? Telle fut jadis la défense de Caïn. Et ils la renouvellent superbement, tandis que le frère malheureux pleure des larmes de misère, et peut-être serre les poings et grince les dents ; tandis que le penseur attristé qui s'arrête devant ce douloureux spectacle entrevoit, dans les lointains de l'avenir, la sombre vision de Byron : le monde réduit à une poignée d'hommes ramenés à la barbarie des temps préhistoriques, s'entre-tuant sous un ciel livide, autour d'un foyer mort.

X

La Corporation.

L'individualisme nous a tués, l'association nous sauvera.

L'association dont nous parlons, n'est pas une agglomération quelconque. Il s'agit de l'association professionnelle, ressuscitant le régime corporatif étendu aux diverses conditions sociales, formant la base d'un système représentatif opposé au parlementarisme, ramenant l'ordre nécessaire dans le corps social désorganisé, restituant aux provinces leur liberté, aux communes leurs franchises, et leur autonomie aux corps professionnels.

Il faudrait, pour cela, que chaque profession, réunissant ses éléments divers, sans toutefois les confondre, arrivât à former un organisme vivant, une collectivité solide, travaillant au profit de ses membres et au profit de tous, opposant une barrière infranchissable à l'oppression, garantissant l'avenir du travailleur par la permanence des engagements, sauvegardant ainsi la dignité de sa vie et l'existence de son foyer domestique, opposant d'infranchissables barrières à cette concurrence déloyale qui autorise le *struggle for life* que nous connaissons, abominable lutte pour la vie ; ramenant la paix dans l'atelier et dans l'usine, au moyen des conseils permanents, des arbitres préalablement désignés et constituant le tribunal corporatif ; pourvoyant à l'avenir du travailleur par les institutions d'assurances, à l'avenir de l'industrie par l'instruction professionnelle; garantissant le consommateur par un contrôle régulier sur la façon du travail et la fourniture de la matière ; servant enfin de base pour arriver à la représentation des intérêts qui nous débarrassera, et qui seule peut nous débarrasser, de cette bande de politiciens faméliques qui ont fait de la France leur chose et qui se précipitent sur elle comme une meute à la curée.

C'est le régime corporatif, approprié aux exigences de l'ordre nouveau ; car il ne saurait être question de copier servilement les institutions d'autrefois qui ne s'accommoderaient en aucune façon avec les idées et les mœurs d'aujourd'hui.

Le régime corporatif reconstituera la grande famille ouvrière, société du patron et de l'ouvrier assemblés par les nécessités de l'exploitation et unis, par la pratique de devoirs réciproques, pour le respect et la protection des intérêts communs. Or, nous croyons qu'on cherchera vainement un autre moyen de remédier aux désordres que causent nécessairement les immenses agglomérations ouvrières qui tendent à se multiplier de jour en jour, et qui constituent un danger permanent. Danger pour la famille naturelle qui se divise, où l'éducation des enfants par les parents devient à peu près impossible, tandis que le vice, sans vergogne, s'étale au grand jour ; danger pour la société civile dont la famille est un fondement indispensable et où des abus d'autorité que rien ne comprime provoquent des haines terribles et de redoutables explosions.

L'instrument de cette reconstitution est là, devant nous : c'est l'association syndicale autorisée par la loi, se continuant en union syndicale, ce qui est déjà commencé, et aboutissant enfin à la Chambre régionale que nous appelons de tous nos vœux.

Ce n'est pas le lieu ici de montrer dans le détail le fonctionnement du système corporatif. Léon Harmel l'a fait bien mieux que nous ne saurions le faire, dans son *Manuel d'une corporation* et dans le *Catéchisme du patron*. Pour le moment, il nous suffira d'en indiquer l'idée et d'apporter à l'appui de notre thèse la plus haute autorité du monde, celle du Pape Léon XIII, écrivant dans l'Encyclique *Rerum novarum* que la première place dans l'œuvre de la réforme sociale « appartient aux corporations ouvrières qui, à elles seules, embrassent à peu près toutes les œuvres ».

Nous tenons cependant à faire remarquer qu'ici, au point de vue pratique du moins, nous nous plaçons uniquement sur le terrain économique et non sur le terrain religieux. Sans doute, le souffle de la morale chrétienne doit passer à travers nos institutions et les vivifier, sous peine d'échec absolu ; mais il ne faut pas oublier que nous avons à vaincre des difficultés énormes et que nous compliquerions terriblement la situation en nous plaçant de prime abord sur le terrain confessionnel. Les associations religieuses ont leur place dans notre programme, mais la société civile ne se confond pas avec la société religieuse. Si le mouvement se limitait à ces associations, elles seraient bientôt retombées dans leur isolement et rejetées en dehors du corps social ; pour le dire en un mot, il ne s'agit pas ici d'un « parti catholique » à fonder.

Telle est, rapidement exposée, l'orientation générale de la sociologie catholique. Respecter ses principes, employer ses moyens ne serait certes pas mettre le paradis sur terre et nous ramener aux jours de l'Eden ; mais nous avons la conviction profonde que la société ne fera rien en dehors de cette voix et qu'il faut la suivre pour arriver à rétablir, dans la mesure où nous le permettent les infirmités de la pauvre nature humaine, le règne de Dieu, dans la liberté, la justice et la vérité.

XI

Le Programme.

Il est de notre devoir absolu d'aider l'Eglise dans son œuvre de régénération, en l'aidant d'abord à sortir des sacristies où le siècle prétendait l'avoir confinée. Puis, comme le socialisme est l'expression d'un malaise réel, général et de longue durée, produit par une série prolongée de violations de l'ordre social, il faut que nous cherchions les moyens de rétablir cet ordre social, et que nous demandions aux principes éternels du Christianisme et aux traditions historiques de la civilisation chrétienne, les remèdes pratiques, c'est-à-dire les règles et les institutions dont nous avons besoin.

D'après ces principes et ces traditions, nous avons essayé de formuler un programme, non pas tel que nous le concevons, dans une société définitivement organisée, nous sommes encore trop loin de cet idéal, mais tel qu'il puisse s'accommoder aux difficultés de l'heure présente et servir de point de départ à nos efforts. Le comte de Mun en a posé les bases dans son beau discours de Saint-Etienne qui reçut du Souverain Pontife une si haute approbation, et nous avons essayé de le développer dans notre journal *la Justice sociale*, en y ajoutant plusieurs questions qui n'avaient pas pu trouver place dans le discours du grand orateur.

I. — *Principes.*

En tête de ce programme, nous plaçons le respect de la Religion, de la Patrie, de la Famille, du Travail et de la Propriété.

Nous demandons que la Religion ait la liberté de vivre dans les conditions de son existence normale et, par suite, que l'on reconnaisse son droit de manifester, de posséder, d'acquérir, de se recruter et de former ses diverses associations.

Nous demandons le respect de l'idée de Patrie, que nous ne confondons pas avec l'étroit chauvinisme, mais que nous regardons, à l'heure actuelle, comme formant une des bases nécessaires de l'ordre social.

Nous demandons la suppression de la loi du divorce qui rompt les liens de la famille. Pour que cette famille puisse vivre et se développer, nous soutenons les réformes qui ont pour but de retenir la mère à son foyer, de favoriser la construction des habitations ouvrières, avec possibilité pour le travailleur de devenir propriétaire d'une propriété incessible et insaisissable, faveur que nous demandons également pour une partie du salaire à déterminer.

Si la famille a sa vie matérielle, elle a aussi sa vie morale, une vie morale qui doit être sauvegardée. Pour cela, nous réclamons, dans l'intérêt des mœurs et de la santé publique, une règlementation sérieuse des cabarets et des lieux de plaisir, des lois pénales très sévères pour arrêter le débordement des publications obscènes, une protection efficace pour la jeune fille, par la répression plus rigoureuse de la séduction, avec une législation largement conçue sur la recherche de la paternité.

L'enseignement forme l'âme de la famille et l'âme de la patrie. Nous demandons que l'enseignement soit moral, c'est-à-dire fondé sur l'idée religieuse, hors de laquelle la loi morale n'a point de sanction. Nous demandons que l'enseignement soit libre à tous les degrés et nous voudrions que l'Université actuelle fût soustraite progressivement à la direction officielle de l'Etat, tout en respectant les situations légitimement acquises; que les Conseils municipaux ou mieux la réunion des pères de famille eussent, dans chaque commune, le choix de l'instituteur à donner aux enfants. Et, en attendant ces réformes qui peuvent être lentes à venir, nous réclamons, comme un droit imprescriptible, une égale répartition des subsides entre toutes les écoles françaises, au prorata du nombre de leurs élèves. Les programmes de l'enseignement primaire tendent de plus en plus à devenir encyclopédiques : nous en demandons la revision, dans le sens de l'enseignement professionnel, aussi bien pour les filles que pour les garçons.

Quant à la propriété, nous professons d'après la doctrine de la théologie et de l'Encyclique, qu'elle est conforme au droit naturel ; nous ajoutons comme nous l'avons expliqué plus haut, qu'elle a des fonctions sociales à remplir et qu'elle est un droit non seulement pour les individus, mais encore pour les collectivités.

II. — *Régime du travail.*

L'ouvrier n'est pas une machine à travail qui doit marcher sans trêve. Il faut lui assurer le repos du dimanche, afin qu'il puisse remplir ses devoirs envers Dieu, vivre de la vie de famille et se récréer honnêtement ; il faut supprimer le travail de nuit et protéger tout spécialement le travail de jour des femmes et des enfants. Nous demandons la même suppression pour les hommes, dans la plus large mesure possible, avec la fixation d'un maximum des heures de travail. Dès maintenant, nous voudrions que cette clause du maximum entrât dans tous les cahiers des charges de toutes les adjudications publiques.

Avec le maximum des heures du travail, il est important de régler le minimum du salaire. Le meilleur moyen, et en cela nous suivons toujours les enseignements de l'Encyclique, nous paraît être l'élaboration des tarifs par le conseil syndical de l'association professionnelle, composé en nombre égal d'ouvriers et de patrons, d'après ce principe, au moins indiqué par Léon XIII, que l'ouvrier laborieux, sobre et honnête doit pouvoir suffire à ses besoins, à ceux de sa famille. De là découle la nécessité de protéger le travail de l'homme contre l'avilissement du prix de la main-d'œuvre causé par l'emploi abusif, dans l'industrie, des femmes et des enfants.

A la question du salaire se rattache la participation aux bénéfices, nous préférons dire à la prospérité de l'industrie. Nous sommes les dévoués partisans de cette réforme et, quoiqu'elle ne soit pas facile à réaliser pour l'heure présente, nous sommes convaincus que l'avenir l'imposera.

La sécurité de la famille exige la sécurité morale et matérielle de l'atelier. A ce double point de vue, nous demandons l'intervention de l'élément ouvrier dans les commissions de surveillance formées ou à former, et la fondation de conseils d'usine ou comités permanents d'arbitrages, composés de délégués patrons et ouvriers.

Les institutions de crédit ouvrier et agricole deviennent de plus en plus nécessaires. C'est un moyen, pour le travailleur, d'arriver à la propriété des instruments ou de l'instrument de travail, ce qui nous semble devoir être une des solutions maîtresses des difficultés présentes et de l'organisation future.

Dans les conditions actuelles de défiance et d'antagonisme, l'établissement des syndicats mixtes ne nous semble pas pouvoir se généraliser. On les remplacerait utilement par des syndicats ouvriers et des syndicats patronaux dont les délégués, se réunissant dans des chambres syndicales, s'occuperaient de tout ce qui peut faire aboutir les revendications légitimes du travail et de l'industrie et favoriser l'ascension normale de la classe ouvrière, par le développement matériel, intellectuel et moral du travailleur.

Les associations doivent pouvoir se fonder librement, posséder la plénitude de la personnalité civile, le droit à la propriété même immobilière, et la libre disposition de leurs capitaux, sous un contrôle à déterminer.

Enfin, pour achever sur ce point, nous sommes partisans de la fédération locale, nationale et même internationale des syndicats ; nous demandons, outre les chambres de commerce, des chambres régionales du travail agricole, maritime et industriel, élues par les intéressés et obligatoirement consultées, lorsqu'il s'agira des intérêts de la corporation ; nous réclamons, enfin, l'intervention de l'Etat, toutes les fois qu'on aura reconnu l'insuffisance de l'initiative privée.

Nous venons d'écrire le mot corporation : c'est là notre grand objectif. La réorganisation de la société telle que nous la comprenons, en effet, ne consiste pas à élaborer des règlements pour faciliter l'exercice d'une profession ; ce n'est pas davantage la résurrection d'institutions du passé qui ont fait leur temps et que rien ne pourra rétablir. Ce que nous voulons, c'est travailler à constituer des corps sociaux autonomes, appropriés aux nécessités de l'heure présente, ayant leur vie propre, et capables de fournir un point d'appui contre le capitalisme, régime économique qui nous tue, et le parlementarisme, régime politique qui nous ravit la liberté.

En ce qui concerne les questions de prévoyance, disons rapidement que nous sommes partisans de l'assurance obligatoire, et que nous mettons l'assurance contre les accidents à la charge de l'industrie, sauf des cas exceptionnels à déterminer.

III. — *Les Impôts ; la Législation ; l'Administration.*

La France périt écrasée sous les charges fiscales. Nous demandons d'abord l'égalité de l'agriculture et de l'industrie devant la loi, les impôts, les douanes et les tarifs de transport ; un dégrèvement pour les objets de première nécessité, la suppression des frais de transmission par héritage en ligne directe, au moins dans la petite propriété ; la suppression des octrois qui pèsent plus lourdement sur le pauvre ; la suppression du principal de l'impôt foncier et la revision cadastrale ; une répartition plus équitable des charges ; des droits compensateurs sur toutes les marchandises passant la frontière ; l'impôt progressif sur le revenu et les grands capitaux de luxe improductif (parcs d'agrément, territoire de chasse, collections, etc.) ; une taxe plus forte sur les valeurs mobilières, une législation réformatrice de la Bourse, des lois pénales très sévères contre l'agiotage ; la suppression des emplois et des pensions de complaisance, l'amortissement régulier de la dette devenu obligatoire ; un article de la Constitution interdisant les emprunts déguisés ou qui n'auraient pas une cause absolument en dehors du cours ordinaire de la vie de l'Etat.

Notre législation a besoin de nombreuses réformes ; nous nous contentons d'en indiquer quelques-unes : restitution aux compagnies judiciaires du droit de présentation pour le recrutement de leurs membres, réforme du code de procédure civile, afin de proportionner les frais à l'importance des affaires ; revision des lois et règlements qui concernent la formation de la liste des jurés, pour lui rendre son caractère purement judiciaire.

Au point de vue de l'organisation politique, nous réclamons le référendum, la représentation des intérêts et le rétablissement des assemblées provinciales ; tout en conservant l'unité et la force du pouvoir central, nous croyons à la nécessité d'une large décentralisation.

Ce programme est évidemment incomplet ; nous pourrons le reprendre plus tard. Il nous suffit ici d'avoir indiqué les grandes lignes de la transformation sociale que nous poursuivons et à laquelle nous ne cessons de travailler. Parmi les réformes que nous proposons et qui nous semblent nécessaires à la reconstitution normale de la société, il en est dont on peut discuter l'urgence ou l'efficacité, mais on doit reconnaître que l'ensemble répond aux principes que nous avons exposés.

CONCLUSION.

Dieu veuille bénir la tâche de ceux qui travaillent au rétablissement des principes chrétiens dans l'ordre économique et social.

Verrent-ils le résultat de leurs efforts ? Nul ne peut le dire ; mais nous avons la conviction que ces efforts ne seront pas perdus. La semence jetée dans les sillons est peu de chose ; et toutefois c'est la semence qui donne les moissons.

Il faut nous attendre à ce que le labeur soit rude et prolongé. Le mal a été plus lent qu'on ne se l'imagine ; ce n'est que d'hier qu'il a atteint les grandes masses urbaines et rurales. Le bien qui a pour lui la force invincible de la vérité, mais qui a contre lui les penchants mauvais de la nature, mettra aussi longtemps pour regagner le terrain qu'il a perdu.

Mais, avec l'aide de Dieu, il le regagnera.

Peut-être faudra-t-il pour cela traverser quelque tempête, et nous voyons déjà les nuages sombres, tassés, horribles, qui ferment l'horizon ; mais nous savons que derrière resplendit le grand soleil ; et ici le grand soleil c'est l'Eglise de Dieu.

Même à travers la nue profonde, la douce et bénie influence de l'Eglise se fait déjà sentir. Il y a dans le sol une germination nouvelle, comme ce mystérieux mouvement du blé qui, au printemps, travaille la terre pour la déchirer et pousser des tiges d'épis au dehors. En cette fin de siècle, qui a vu la banqueroute de tant d'idées que le plus grand nombre admettait naguère comme des certitudes, les regards se tournent vers la sainte montagne où le grand vieillard blanc, debout, tient, dans ses mains tendues vers le monde, l'image mystique du pâle Crucifié. On attend, on écoute, on sent bien que là, et là seulement, se trouve le secret de l'avenir.

Laudetur Jesus Christus !

TABLE DES MATIÈRES

Impr. des Orphelins-Apprentis, D. Fontaine, 40, rue La Fontaine,
Paris-Auteuil.